슬기로운
신앙생활

슬기로운 신앙생활

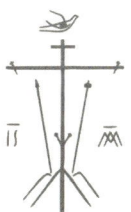

권오상 지음

함께꿈

머리말

　복잡하고 피곤한 사회에서 생존하는 데 지친 우리는 자신을 돌아보는 데 인색해 때로는 사색할 여력조차 없습니다. 이런 이유로 인간이 자신의 근본적인 열망에 맞닿아 있지 못한다면, 하느님 앞에서 육체만 살아 움직이는 흉물스러운 좀비와 다를 바 없을 것입니다. 우리의 영혼이 숨 쉴 때 하느님 앞에서 살아 있을 수 있고, 인생과 신앙의 의미를 알아차리게 됩니다. 집 나간 양심을 불러들여 개인과 사회 안에서 숨 쉴 공간을 마련하는 것은 우리 영혼에 집을 짓는 것과 같습니다. 영혼이 깃든 집은 하느님을 섬기는 성전이 되고, 허물어졌던 영혼의 성전이 재건될 때 인간으로서 정체성과 공동체성은 더욱더 빛을 발할 수 있습니다.

기성세대의 한 명으로서 청춘들에게 숨 쉴 공간을 마련해주어야 한다는 의무감을 느낍니다. 우리 세대는 걸림돌이 아니라 디딤돌이 되어 다음 세대를 위해 실제적이고 효과적인 '어른의 모습'으로 현존할 준비가 되어 있어야 합니다. 그러기 위해 무엇보다 '양심이 숨 쉴 공간'을 마련해 시대의 아픔을 대변하는 일, 상처는 남겠지만 고통을 제거하는 일에 시간과 노력을 기울여야 합니다. 우리는 상처받은 모든 피조물의 고통을 목격하며 살아갑니다. 이제 '우리가 상처받은 모든 피조물을 위해 무엇을 할 수 있는가?'를 고민하고 실천해야 할 때입니다. 시간과 공간의 주인이신 하느님께서는 미래의 교회를 위한 '양심이 숨 쉬는 공간'을 지켜주실 것입니다.

이 책은 베른하르트 헤링 신부의 저서에서 영감을 받아 쓰여졌습니다. 현대 윤리신학의 초석을 놓았다고 해도 과언이 아닐 정도로 교회와 사회를 위한 그의 통찰은 동시대를 살아가는 이들에게 큰 반향을 일으켰습니다. 이 시대의 유효한 윤리 질서의 구축은 인간의 고유한 내적 외적 '태도'에 달려 있다고 해도 과언이 아닙니다. 이 책이 정직하고 정확한 해답을 발견하기를 바라는 독자들에게 위로의 메시지가 되길 바라며, 슬기로운 신앙생활을 염원하는 신앙인들에게 충실한 안내서가 되기를 바랍니다.

2023년 4월

권오상

사랑, 그것은 도덕성에 관한 모든 것이다

Love is all of morality.

― 베른하르트 헤링

차례

머리말 _ 5

1장
신앙의 탄생
하늘은 이슬비처럼 의인을 내려다오!

신앙의 체험들 _ 17

신앙의 두 얼굴 _ 22

헤링의 신앙여정 _ 29

비극적 경험들 _ 33

아버지의 시선 _ 37

신앙의 위기 _ 41

2장

신앙의 성장

나의 백성을 위로하여라!

봄꽃처럼 피어난 공의회 _ 47

시대의 징표 _ 53

혁신을 담다 _ 57

치유의 사명 _ 63

창조적 긴장 _ 67

확장된 지평 _ 72

창조적 자유 _ 75

양심을 위한 공간 _ 82

권력의 실체 _ 86

다수와 소수의 권리 _ 93

3장

신앙의 신비

자비의 본질은 강요되는 것이 아니라,
하늘에서 내리는 부드러운 비와 같다

꿈 그리고 희망 _ 103

인식론적 회심체험 _ 105

존재론적 변화체험 _ 110

에토스의 구축 _ 115

네 아우는 어디 있느냐? _ 119

1장
신앙의 탄생

하늘은 이슬비처럼 의인을 내려다오!

신앙의 체험들

그리스도교 신앙의 역사적 출발점은 아브라함에서 찾을 수 있다. 신앙의 선조인 아브라함이 그리스도교 신앙의 대상인 유일신이며 인격신인 하느님을 체험했기 때문이다. 아브라함의 고향인 우르 지역의 신앙은 주로 여러 신을 위해 제물을 봉헌해 인간의 안위를 보장받는 것이었다. 하지만 아브라함은 유일신 하느님의 자기 계시로 인해 하느님과 인격적 관계를 토대로 이전과는 색다르게 신을 이해하기 시작한다. 바다를 모르고 태어난 아이가 바다라는 대상을 보고서 바다의 개념을 완성하듯, 아브라함은 평면적이던 신의 존재를 인격적 체험을 통해 입체적으로 완성한다. 그는 자신이 자라왔던 칼데아 지방의 우르를 떠나 가족들과 함께 가나안에 정착한다. 그는 자신이 태어나고 자라난 고향을 떠나면서, 과거 자신을 지배했던 다신론과 인신 공양의 관습에서 벗어난다. 이처럼 인격적 유일신을 체험한 아브라함의 신앙은 인신 공양 풍습을 포기하게 했고, 여러 동물이 인간을 대신하는 희생제물이 되었다.

형제들에 의해 이집트로 팔려 간 요셉을 필두로 이집트에 정착한 유다인들은 모세의 등장으로 집단적 주권의식과 자립의식을 형성했으며, 이집트에서 탈출해 독자적 민족성과 유다인으로서 정체성의 기틀을 마련한다. 모세는 불붙은 떨기나무에서 최초로 하느님의 이름을 익히고 이집트에서 노예로 살던 유다인을 구출한다. 그리고 하느님과 모세는 십계명을 기반으로 계약을 체결한다. 율법서 토라(모세오경)는 유다인에게 가장 중요한 경전이 되었고, 오늘날까지 하느님과 유다인을 이어주는 신앙적 결속장치로 작동한다.

예수의 출현으로 하느님과 인간의 관계가 새롭게 정립된다. 예수는 자신의 파견 목적을 의인이 아니라 죄인을 위한 것으로 인식한다. 그는 인류를 죄의 노예 상태에서 해방시켜 하느님께 인도하는 영적 탈출을 시도했다는 측면에서는 모세와 유사한 삶을 살았다. 이러한 해방과 구속은 당대 유다인이 지녔던 메시아 신앙과 묘한 화학적 결합을 통해 예수의 십자가 희생과 부활을 기반으로 하는 새로운 형태의 메시아 신앙이 탄생한다. 예수는 하느님의 뜻을 전하는 메신저가 되었고, 동시에 그의 말과 행동은 신의 의지와 뜻을 구현하는 완전한 메시지로 인식되었다. 하느님의 메신저 기능은 유다인의 전통적 예언자들의 모습과 흡사했고, 신적 의지가 온전하고 완전하게 반영된 메시지는 삼위일체 신앙의 원천이 된다. 그리스도교 신앙은 예수를 하느님의 아들로서 인류 구원을 위해 육화한 메시아라고 고백한다. 결국 그리스도교 신앙은 토라로 상징되는 하느님과 유다인의 결속장치를 폐기하고, 하느님과 인류 사이의 결속장치인 예수가 인격적 중재자가 된다. 모세의 법인 토라에서 그리스도의 법인 예수로 대전환이 이루어진다. 그리하여 율법의 준수가 인간을 의롭게 하는 데 일정 부분 도움이 되지만, 인간의 근본적 구원은 완전한 신이며 완전한 인간인 예수의 죽음과 부활로 완성된다는 신앙고백이 형성된다. 하느님의 최종적인 인류 구원을 위한 계시는 예수에 의해 완성되었고, 그의 십자가 죽음으로 더는 구원을 위한 희생제물이 필요 없게 된다.

바오로는 제도교회의 설립과정에서 베드로와 더불어 가장 중요한 역할을 한다. 그는 한때 예수의 박해자에서 가장 열렬한 옹호자로 변신한다. 이처럼 강력한 바오로의 회심은 "선을 바라면서도 하지 못하고, 악을 바라지 않으면서도 그것을 하고 맙니다"(로마 7,19)라는 자기 인식을 통해 인간 실존이 겪는 내적 분열을 죄의 법칙으로 이해한다. 그는 "나는 과연 비참한 인간입니다"(로마 7,24)라고 고백함으로써 선악의 경계에서 씨름하는 인간, 죄로 인해 고뇌하는 자신의 모습을 꾸밈없이 표현한다. 그는 하느님의 법과 죄의 법 사이에서 방황하며 비참한 인간인 자신이 그리스도의 법으로 구원받았다고 고백한다. 이처럼 아브라함의 신앙, 모세의 탈출, 예수의 신적 계시, 그리고 바오로의 회심을 통해 인간이 하느님을 만나게

된 경위와 그 결과로 생성된 신앙이 삶에 미치는 영향을 이해할 수 있고, 동시에 그리스도교 신앙이 탄생하는 경로를 확인할 수 있다.

신앙의 두 얼굴

바오로 사도의 고백처럼 인간은 선한 의지를 갖고 있지만, 여전히 인간은 본질보다 실존이 선행하는 현실을 살아간다. 본질을 우선시하는 '이상교회'와 실존이 선행하는 '현실교회'의 갈등과 긴장을 엄격주의와 방임주의의 역사적 사례에서 살펴보는 것은 신앙의 현주소를 찾는 데 도움이 된다.

'교회 안에는 항상 엄격주의와 방임주의가 공존한다. 그리고 교회역사를 보면 방임주의와 엄격주의가 서로 다툴 때마다 항상 엄격주의가 승리했다'는 것이 교회 내부를 바라보는 윤리신학자들의 시선이다. 신앙적 원칙이나 규범을 적용할 때, 어떤 해석과 태도를 취하느냐에 따라 엄격과 방임으로 갈라진다. 양자의 간극이 좁아지면 합의에 이를 수 있으나, 간극이 멀어질 때는 어느 한편이 득세한다. 역사적으로 엄격주의적 윤리관에 따라 선악이 판단되면서 엄격함이 교회의 주류가 된다. 교회는 선하시고 자비로우신 하느님을 표방하지만, 실제 삶에서는 엄격함이 교회 내부와 세상을 향해 회초리를 든다. 과거 피렌체공의회(1439~1445)의 '교회 밖에는 구원이 없다'라는 선언의 영향으로 1900년대 초반까지도 가톨릭 신자가 보기에 개신교 신자는 이미 지옥행이 예정된 사람들이었다. 교회와 친교를 잃고 교회 밖에서 생활한 그들은 교정되고 참회해야 할 대상이고, 구원에서 제외된 사람들이었다. 강도를 만난 사람을 도와주었던 착한 사마리아인의 행위는 '낯선 이방인'이라는 이유로 반감되고 여전히 그는 구원에서 멀어진 존재였다. 이러한 인종차별적 확증 편향성은 오늘날에도 반복되고 있다. 하지만 예수는 낯선 이방인이 참된 이웃이라고 선언한다. 왜냐하면 그 이방인은 참된 선을 선택하고 그의 선한 행위가 궁지에 몰린 사람의 목숨을 살려서 궁극적으로 그의 이웃이 되어주었기 때문이다.

엄격주의와 방임주의라는 상반된 의견이 뒤얽힌 가운데 알폰소 리구오리(Alphonsus Liguori, 1696~1787) 성인은 확실한 길을 제시한다. 그 길은 복음적 현실주의자가 되는 길이다. 복음정신에 부합한 현실주의자는 착한 사마리아인처럼 보편적 인류애에 바탕을 둔 양심적 선택에 따라 선의와 선한 행위로 타인의 목숨을 구한다. 이러한 이타적 행위의 동력에는 곤란한 상황에 처한 이들을 향한 연민과 상처를 돌보는 친밀감이 자리 잡고 있다. 알폰소 성인은 복음의 핵심부에 공동체 생활과 개인의 헌신이 상호작용해 선을 완성한다는 것을 이해했고, 이러한 핵심은 성인을 엄격하지도 않지만 그렇다고 방임하지도 않는 진정한 복음적 감각을 지닌 현실주의자의 길을 걷게 한다. 가톨릭교회는 공동체와 개인의 복음적 핵심을 발견한 그를 교회학자의 칭호와 더불어 윤리신학자와 고해사제의 주보성인으로 선포한다.

엄격주의가 교회통치의 본질이 아님에도 항상 주류였던 까닭은 교부 시대에 발전되어 중세 시대에 확립된 엄격주의인 얀세니즘의 영향이 크다. 네덜란드 출신의 얀센(Cornelius Jansen, 1585~1638)은 루뱅대학교의 총장을 지냈으며, 아우구스티누스의 사상에 심취한 후 극단적 엄격주의로 교회의 윤리와 전례에 막강한 영향력을 끼친다. 이후 여러 교황이 얀세니즘을 이단으로 배척했음에도 프랑스어를 사용하는 나라에 전파되었고, 프랑스 출신의 선교사들이 진출한 초기 한국교회에도 영향을 끼친다. 그 영향으로 한국교회에서는 1960년대까지도 공복제 규정을 엄격하게 준수해, 영성체를 하기 위해 자정이 넘으면 침도 넘기면 안 된다고 생각해 손수건으로 혓바닥을 닦기까지 했다. 이러한 전례규범의 엄격한 준수는 미사강론이나 고해성사 중에도 발견된다. 미사의 강론시간은 규범을 지키지 않는다고 신자들이 혼나는 시간이 되고, 고해성사는 야단과 질책을 받는 시간이 되곤 했다. 이런 미숙한 모습에 실망을 느껴 교회에 대한 신뢰를 버리고 떠나가는 경우도 있고, 한편에서는 교회가 너무나 느슨한 구원관과 이완된 윤리적 태도를 보이기 때문에 많은 신자가 교회를 떠난다고 보는 시각도 여전히 존재한다.

교회의 입장은 극단의 엄격주의와 극단의 방임주의 모두를 배척한다. 즉 적응을 구실로 하는 기회주의적 타협이나 야합(방임주의)도, 그리고 순수성을 수호한다는 빌미로 내세우는 극단적 원리주의(엄격주의)도 거부한다. 교회는 소수의 특별한 사람에게만 엄격하게 적용했던 윤리·도덕이나 계율을 모든 사람에게 확대해 일반화하는 주장을 배척해왔다. 이러한 교회의 입장에도 불구하고 엄격주의는 경건주의(종교적 신념을 강요하는 권위적이며 독단적인 사상)와 결탁해 여전히 우리 신앙생활 주변을 맴돈다. 현대의 경직된 성직주의(성직자들이 자신의 권력과 지위를 이용해 부당한 이득을 얻으려는 시도)를 살아가는 성직자들은 복음을 두려워하고 교회법을 선호한다. 왜냐하면 그것이 자신들의 신앙을 합리화하고 보호하는 데 탁월하며, 효과적인 통치수단이고, 역사적으로도 입증된 방식으로 이해하기 때문이다. 사실 복음은 내적 가치를 상향시키는 분별과 선택으로 이끄는 내적 정화와 내적 회심을 동반하지만, 경직된 사고방식은 제도화된 틀을 변화시킬 수 있는 창의성과 상상력을 허용하는 데 인색하기 때문이다.

전통적으로 신앙과 윤리적 문제가 발생했을 때 최종 판단은 교도권에 의존한다. 교회가 신앙과 윤리를 중요하게 여기는 까닭은 이를 통해 교회의 존립이나 존재이유가 설명될 수 있고, 만일 이 둘 중에 하나라도 흔들리면 교회의 뿌리마저 흔들리는 역사적 경험이 있기 때문이다. 예를 들면 17세기의 정적주의(靜寂主義, Quietism)는 수덕생활을 극단적으로 실천했던 엄격주의적 얀세니즘과 정반대로 모든 행동을 포기하고 하느님의 은총만 강조한 신비생활의 극단이었다. 정적주의자들은 신비주의에 입각한 독보적인 신앙생활을 했지만, 지나치게 느슨한 전례나 성에 대한 윤리의식을 전파해 방임주의에 이르게 되었고, 그 결과 교회 교도권으로부터 배척을 받는다. 그들의 신앙은 뛰어났지만, 윤리적 실천에는 무기력했다. 이러한 신앙생활의 윤리적 부조화는 현실세계에서도 여전히 존재한다.

현대 교회에서도 신앙에 대한 지나친 엄격함이 강요될 때 문제가 된다. 진정한 신앙은 강요가 아닌 자유를 동반하기 때문이다. 따라서 자유 없이 강요된 신앙은 윤리의식의 나약함과 빈곤함을 초래한다. 신앙을 앞세워 모든 것을 정당화하려는 시도는 종교가 권력화하는 과정에서 자연스럽게 변조, 위조, 날조된 신앙으로 변질한다. 그러니 아무리 훌륭한 신앙적 진술이나 체험이 태동하더라도, 건강한 윤리적 태도나 가치관이 동반되지 못하면 그 신앙은 살아남지 못한다.

헤링의 신앙여정

 개인 삶의 우선순위를 설정하는 데는 사회적 가치관이나 개인적 취향이 서로 영향을 미치고 작용한다. 이것이 공동체나 사회적인 과제일 때는 또 다른 양상이 된다. 서로 다른 가치관을 수용하는 데 대한 두려움과 개인적이며 집단적인 이해관계가 실타래처럼 얽혀 있기 때문이다. 사회적 합의의 과정을 통해 과제를 선정하고, 합의했던 바를 실행하는 것은 또 다른 차원이다. 이처럼 우선순위를 정하고 합의의 과정을 거쳐 그것이 현실이 되게 하는 것, 이것이 사회와 국가 그리고 교회의 전통을 형성한다. 인간의 행위는 윤리적 성찰과 법적 책임을 수반한다. 왜냐하면 윤리는 행위의 동기가 되며, 법은 행위의 결과에 책임을 묻기 때문이다. 법은 최소한의 사회질서인 반면에 윤리는 자신의 양심이나 가치관 또는 종교적 가르침에 근거해 규범이나 원칙에 따라 사는 것을 의미한다. 그래서 윤리적이라 함은 법이 요구하는 이상의 것, 즉 덕의 차원을 살아가는 것으로 여기기도 했다. 보편적 윤리성이 공동의 이익에 부합할 때, '착한 사마리아인의 법'처럼 실정법으로 제정되기도 한다. 이처럼 현대 그리스도교 윤리사상은 공동체적 합의를 바탕으로 신앙의 중요한 지표를 실현해가도록 노력하며, 동시에 교회나 사회의 공동선에 입각해 새로운 전통을 수립해가도록 요청받는다.

교회가 처한 도전적 상황과 대응을 이야기할 때, 베른하르트 헤링(Bernhard Häring)의 삶과 학문적 여정은 지금을 살아가는 그리스도인에게 깊은 영감을 전해준다. 헤링 신부는 현대 윤리신학의 창시자로 불릴 만큼 위대한 족적을 남겼는데, 그의 윤리신학은 '그리스도를 통한 쇄신과 개혁'으로 요약할 수 있다. 그는 제2차 바티칸공의회 정신에 활력을 불러일으켰으며, 우리 시대의 사상을 이끌어가는 선구자의 역할을 수행하기도 했다.

헤링은 1912년 11월 10일 독일 남서부의 뵈팅겐에서 출생했다. 해발 950미터에 위치한 뵈팅겐은 인구의 70퍼센트가 농업에 종사한 까닭에 풍족하지 않았지만 자립하기엔 충분한 환경이었다. 그는 5남 7녀 중 11번째 아들로 태어났다. 자녀들은 부모의 기도를 들으면서 성장할 정도로 독실한 가톨릭 집안이었다. 그는 지극히 거룩한 구속주회에 입회하고, 후에 가톨릭 사제가 된다. 그는 독일인의 근면성을 입증이라도 하듯 하루 10시간을 일했다. 그는 자신을 행복한 구속주회 회원으로 소개한다. 산상수훈에 등장하는 예수의 행복선언(마태 5,3-12)은 그에게 많은 영감을 제공했으며, 행복선언의 대상이 바로 자신임을 잘 알았던 까닭이다. 그가 복음적 행복의 여정을 걷지 않았다면 교회, 신앙, 윤리 심지어 복음 역시 반감되었을 것이다. 또 불행한 영혼에서 출발한 사상은 현실에 대한 인식과 장벽을 넘지 못했을 것이다. 그는 자신이 누리는 복음적 행복을 기반으로 자유와 충실의 모습으로 교회에 헌신했다. 무엇보다 믿음과 희망을 품고 교회를 위해 헌신했다.

그의 인성과 가치관은 교회와 사회를 이어주는 교량 역할을 했다. 그는 "교회가 세상에 귀 기울이지 않으면, 세상 역시 교회에 귀 기울이지 않을 것"이라고 했다. 불통은 단절을 의미하고 지옥을 상징한다. 교회는 세상을 진리로 이끌고, 교화하고, 성화해야 할 임무가 있다. 그럼에도 교회가 세상으로부터 자신만의 철옹성을 쌓는다면, 단절된 제국에서 사는 것과 같다. 자신만을 위한 유토피아, 그들만을 위한 제국은 필연적으로 세상에서 소멸한다. 그런 의미에서 세상에 경청하는 것, 무엇보다 그들의 호소와 절규에 관심을 두는 것은 교회의 기본사명에 부합한다. 그는 경청하고 대화하는 것, 즉 '소통하는 것'은 교회의 존망을 가르는 본질적 태도임을 직시했다. 이것이 세상과 교회가 함께 공존하고 성장할 수 있는 유일한 길이다. 신앙의 여정은 홀로 위선이나 독선의 길을 걷는 것이 아니라 함께 성장하는 여정이다. 세속의 세계와 위기의 교회가 회심해 소통할 때 함께 성장하는 신앙의 열매를 맺게 된다.

비극적 경험들

헤링은 유년기에 1차 세계대전을 경험했고, 사제서품 후에는 2차 세계대전에 참전해야 했다. 전장에서 형을 잃은 그에게 "전쟁은 두려움과 상실감을 동반한 충격적 체험"이었고, 어리석은 전쟁 앞에서 아무런 힘도 쓰지 못하시는 하느님에 관해 의문을 갖는다. 이후 비상식적인 전쟁과 무기력한 하느님에 대한 의문은 인간의 자유의지를 이해하면서 일정 부분 해소된다. 그는 두 차례 세계대전을 "두려우면서도 이해할 만한" 것으로 평가하면서, 부조리한 세상에 대한 자신의 이해 지평을 넓혀갔다. 세계대전을 두 번씩이나 경험한 성장배경은 그가 '폭력으로부터 해방', 즉 평화윤리를 주장하는 근본적인 동기가 된다. 그런 의미에서 전쟁은 냉혹한 스승이다. 폭력에 관한 진실을 폭로함으로써 인간 본성에 관한 성찰을 촉구하기 때문이다.

1939년 5월 7일에 서품을 받고 몇 년이 흐른 뒤, 고향을 방문한다. 주로 사제가 신자들에게 축복하는 것을 상례로 알았던 어머니는 자신을 방문한 아들에게 "여전히 내가 너를 축복해줘도 되겠니?"라고 물었고, 아들 헤링은 "물론이죠! 이제부터 어머니의 축복은 제 반석이 될 것입니다"라고 했다. 아마도 전쟁의 상흔이 그의 신앙을 뒤흔들 때, 어머니의 축복은 가장 든든한 버팀목이 되었고, 자신의 질문에 스스로 답할 수 있는 밑거름이 되었을 것이다.

2차 세계대전이 발발하자 그는 의무부대에 편입되어 전쟁을 치렀고, 전쟁 후 브라질에 선교사로 파견되기를 원했지만 장상의 권유로 튀빙겐대학교에서 '종교와 윤리의 관계'를 연구해 1947년 박사학위를 받는다. 그는 이 시기를 자신의 정신적 지평이 넓어진 계기로 평가한다.

1년 반의 짧은 시간이었지만, 그곳에서 가톨릭 신학자들뿐만 아니라 개신교 신학자들과 교류할 수 있었기 때문이다. 그가 이후 교회일치운동이나 종교 간 대화에 깊게 관심을 기울인 이유이기도 하다.

1957년부터 그는 로마 라테라노대학교의 알폰소 아카데미(Alphonsian Academy)에서 강의를 하고, 1988년 은퇴까지 지속한다. 1950년부터 1953년까지 『그리스도의 법(Das Gesetz Christi)』을 저술해 1954년에 제1권을 출판했다. 『그리스도의 법』은 세간의 큰 관심을 받았고, 세계 곳곳의 유수한 기관에서 초대받는다. 그리하여 미국의 브라운대학교, 예일대학교, 뉴욕신학대학교, 조지타운대학교의 케네디생명윤리연구소, 가톨릭대학교, 샌프란시스코대학교, 포담대학교 등 여러 대학에서 강의한다.

그는 요한 23세가 소집한 제2차 바티칸공의회에서 문헌 작성을 위한 준비위원회에 소속되어 공의회 헌장인 「현대 교회의 사목헌장: 기쁨과 희망(Gaudium et Spes)」과 「사제 양성에 관한 교령: 온 교회의 열망(Optatam totius)」을 작성하는 데 중추적 역할을 한다. 1988년 모든 강의에서 은퇴한 후 병마의 고통 중에 있었지만, 그는 저술작업에 매진하면서 교회 안팎의 뜨거운 감자를 다루는 데 두려워하지 않았다.

아버지의 시선

헤링 이전까지만 하더라도 윤리신학은 주로 결의론과 교회법에 관련된 질문에 답하기 위한 학문이었다. '철학은 신학의 시녀'라는 말처럼 교회 학문을 해설하기 위해 축소된 분과학문에 불과했다. 결의론(決疑論, casuistry)은 넓은 의미에서 "보편적 규범을 정확하게 적용하기 어려운 특정한 경우에, 옳고 그른 것을 결정하는 기술"이다. 행위의 동기와 목적을 살펴서 행위의 도덕성, 즉 옳고 그릇된 것을 살피는 것으로 그리스도교 윤리학과 임상윤리에 크게 기여했지만, 다른 한편 그것이 유일한 표준이 될 때 결과가 수단을 정당화하는 오류에 빠지게 된다.

헤링은 윤리신학이 교회법을 해설하거나 선악을 결정

하는 지엽적이고 축소된 학문에 머무른 것을 안타까워했다. 과거 윤리신학은 고해성사를 집전하는 사제를 위한 일종의 지침서 같은 역할을 했다. 고해사제는 고해자에게 죄에 상응하는 일정한 벌을 주어야 했고, 그러기 위해 죄의 경중을 세부적으로 분류하는 지침이 필요했다. 이는 판결을 위해 양형 기준을 마련하는 것과 유사하다. 그래서 내적 법정이라 할 수 있는 고해성사는 마치 재판관이 피고인에게 판결을 내리듯, 그에 걸맞은 보속(죄에 부합하는 벌을 수행하는 행위)을 부과하는 절차를 밟았다. 사제는 재판관이 되어 죄를 용서하고, 고해자는 피고인이 되어 죄를 용서받는 식이다. 이러한 고해사제의 모습은 고해자에게 구체적 지시를 하고, 죄의 종류와 횟수까지 꼼꼼히 따지는 재판관으로 연상된다. 그러나 헤링은 이러한 고해성사의 모습은 예수나 복음정신에 기초한 것이 아니며, 고해사제는 재판관이 아니라 돌아온 탕자를 기쁨으로 맞이하는 아버지가 되어야 한다고 주장한다. 고해사제의 역할은 죄인을 단죄하고 벌을 주는 것이 주된 목적이 아니라 화해를 촉진하고, 위로와 용기를 주며, 희망을 품게 하는 것이다. 고해사제는 죄의 경중을 따지면서 어떻게 살라고 지시하거나 어설픈 질문으로 호기심을 채우는 것이 아니라, 죄의 고백을 통해 선으로 이끄시는 하느님을 발견하고 하느님의 부르심에 응답하도록 지원한다.

사제는 교회의 사람이라는 이유로 자신을 개방하고 다가오는 고해자에게 하느님을 닮은 자비로운 아버지가 되어야 한다. 고백을 듣고 죄를 용서하는 권한은 교회가 사제에게 부여한 아름다운 특권이다. 동시에 고해사제는 고해자로 인해 복음화되고, 인내라는 산을 넘고 두려움의 강을 건너면서 성장한다. 고해사제와 고해자는 함께 복음의 기쁨을 체험하고, 성장하며, 성화된다. 헤링에게 고해사제의 역할에 대한 윤리적 성찰은 결의론이나 법리에 집착하는 재판관의 모습을 극복하고 돌아온 탕자를 따뜻하게 맞이하는 아버지의 모습을 도입해 존재론적 변화를 끌어낸다.

헤링의 윤리신학은 개인, 사회, 문화적 감수성에서 비롯되는 갈등과 문제를 창의적이고 비평적인 관점으로 성찰해 교회쇄신의 계기를 마련하는 데 초점을 맞춘다. 이러한 시도는 '시대의 징표'가 요청하는 현대사회의 도전과 문제를 직면하며, 신앙의 도움으로 해결책을 제공하려는 것이다. 헤링은 윤리신학적 통찰을 통해 교회 전반의 쇄신을 촉진했으며, 이러한 쇄신은 전례와 성직자 양성 그리고 사목신학 전반에 큰 영향을 주었다. 결과적으로 그는 윤리신학의 새로운 지평과 재구축이라는 큰 과제를 이끌어냈다. 그는 시대가 직면한 도전과 문제를 받아들이고, 두려움 없이 신앙의 길을 걷도록 우리를 초대한다.

신앙의 위기

 교회는 제도적으로 잘 꾸려진 튼튼한 요새 같아서 안정적으로 자신을 보호하고, 효과적으로 방어하는 데 주력했다. 그러나 1453년 동로마 제국의 수도인 콘스탄티노플이 오스만 제국에 함락당했을 때 유럽교회는 당황과 불안감을 감출 수 없었다. 이슬람 세력은 그리스도교 세력과 비교해볼 때 더욱더 너그러운 태도로 지배했던 까닭에 귀족들과 백성들의 환영을 받았기 때문이다. 교황의 삼중관보다 술탄의 터번을 더 반기는 상황이 되었다. 이 시기에 성지회복을 명분 삼은 십자군전쟁과 신앙을 보호한다며 행해진 종교재판은 교회의 흑역사에 속한다.
 이슬람으로 무장한 오스만 제국에 함락당한 교회의 위

기는 1517년 루터의 종교개혁으로 극한에 도달한다. 다른 종교와 문화를 단죄하는 데 급급했던 교회의 결벽증적 태도는 자신의 신앙을 지키려는 호교론적 차원을 넘어서서, 권력작동에 더 큰 관심을 갖도록 유도한다. 종교개혁 이후 반종교개혁에 힘입어 가톨릭교회가 권력화하는 과정의 위기라면, 종교개혁 이후 500년이 지난 지금 가장 큰 위기를 체감한다. 바로 서구교회에서 폭로되는 아동 성추문이 위기의 중심에 있다. 아동 성추문은 어쩌면 가장 엄격한 모습을 한 교회가 윤리적 타락의 길을 걸은 대표적 사례다.

그리스도교는 박해에서 벗어나 313년 밀라노 칙령으로 공인되고, 380년에는 로마의 국교로 선언된다. 로마에는 324년 라테라노 대성당이 건립되는데 이 성당의 표지석에는 "전 세계 교회의 어머니이며 수장인 지극히 거룩한 라테라노 대성당"이라고 새겨져 있다. 당시엔 예루살렘, 안티오키아, 알렉산드리아, 로마 등에 초대교회가 있었는데 로마교회는 스스로 세계교회의 수장이며, 어머니로서 수위권을 주장하기 시작한다. 이는 지방분권적 개별교회가 중앙집권적 보편교회로 재편되는 양상이었고, 로마교회는 자신을 교회의 중심이라고 주장하기 시작한다. 이에 반해 동방교회는 그리스도교 공인 이후 실질적으로 로마교회가 우위에 선 적이 없으며, 이들 각 교회가 동등하다고 본다.

끊임없이 로마교회의 수위권을 요구하던 교회는 754년 '피핀(Pepin III)의 기증'을 통해 세속적 권력을 탐하기 시작했다. 프랑크 왕국의 국왕 피핀 3세는 이탈리아를 원정해 스테파노 2세(Stephanus II) 교황에게 자신이 정벌한 로마를 포함한 이탈리아 중부 지역의 영토를 기증한다. 교황은 '교황령'을 소유하게 되고, 이 지역에서 세속적 지배권을 행사한다. 교황령은 프랑스 아비뇽을 포함한 남부 지역과 로마를 포함한 이탈리아 중부에 걸쳐 1,000년 동안 유지된다. 교황령의 세속권한을 누린 마지막 교황 비오 9세(Pius IX)는 로마를 중심으로 300만 명을 다스리던 세속적 군주이기도 했다. 그러나 1870년 교황령은 이탈리아 정부에 복속되고, 지금의 교황령은 1929년 '라테라노 조약'으로 확정된다. 1,000년간 도시국가의 운명을 마감하고 바티칸시국으로 축소된다. 이 무렵 비오 9세 교황은 1869년 12월에 제1차 바티칸공의회를 소집해 교황의 수위권과 무류성을 선포하고 유물론, 범신론, 무신론, 불가지론, 회의론, 자유주의 신학 등을 단죄한다. 하지만 이듬해인 1870년 9월 교황령이 이탈리아에 점령되어 더는 공의회의 회기를 지속할 수 없었다.

2장
신앙의 성장

나의 백성을 위로하여라!

봄꽃처럼 피어난 공의회

1959년 1월 20일 화요일 오전, 교황 요한 23세는 국무장관인 타르디니(Domenico Tardini) 추기경과 주간회의를 겸한 담화를 나누었다. 주간회의의 안건은 교회의 현실에 대한 성찰이었다. 요한 23세는 프랑스 교황대사와 이탈리아 베네치아 교구장을 거쳐 1958년 10월 교황직에 올랐으며, 교회가 처한 상황을 심각하게 염려했다. 전통적 가톨릭 국가인 이탈리아에서도 실질적으로 신앙생활을 하는 신자들이 30퍼센트 이하로 떨어졌기 때문이다. 그는 현대문화에는 가톨릭 교리와 상반되는 생활양식과 윤리적 신념이 담겨 있다고 언급했다. 두 차례 세계대전을 겪은 후 많은 가톨릭 신자는 혼란과 불확실성을 체험했고, 교회는 이들에게 희망과 포부의 메시지를 전해야 한다고 교황은 확신했다. 이날 교황은 타르디니 추기경과 담화를 통해 '공의회'에 대한 전망을 모색하게 된다. 마치 따스한 봄날에 뜻밖의 꽃 한 송이를 마주하듯이, 교황은 '공의회'라는 단어를 속삭인다. 일주일 후인 1월 25일 교황은 성바오로성당에서 개최된 추기경단회의 때, 이러한 구상을 발표한다. 1959년 1월에 공의회 소집을 공식적으로 발표하고, 준비과정을 거쳐 1962년 10월에 제2차 바티칸공의회가 개최된다.

당시 유럽은 엄청난 변혁을 뿌리 차원에서 경험했는데, 이러한 변혁은 대부분 긍정적이었지만 부정적 측면도 있었다. 교황은 무엇보다 물질주의적 경향으로 인해, 영적 차원의 감수성을 잃을 수 있는 위험과 세계대전의 영향으로 하느님이 인류를 버리셨다는 식의 종교적 회의주의에 대해 경고했다. 따라서 교황은 고통과 고뇌의 세상에서 인간과 함께 현존하시는 그리스도를 선포하고, 교회의 역할과 사명을 재확인하는 '긍정의 공의회'가 되기를 고대했다.

요한 23세는 두 차례의 세계대전을 겪은 인류가 이러한 충돌의 명분을 상쇄하고 인간의 권리에 대한 가치를 더욱더 공고하게 함으로써, 인류의 비극이 다시 반복되지 않도록 민주주의와 인류의 연대를 통해 평화를 이룰 수 있다고 확신했다. 세상에서 쏟아지는 비관적인 목소리와는 달리, 보편공의회를 통해 혼돈의 시대에 희망과 용기의 메시지를 전하고자 했다. 그는 공의회 준비 단계에서 27명의 신학 자문단을 구성하면서, 베른하르트 헤링을 위촉한다. 교황의 의중이 담긴 전망을 공의회와 정확하게 소통하는 역할을 염두에 둔 결정이었다. 이에 교황은 측근의 반대가 있었음에도, 헤링을 공의회에 자문 역할을 하는 전문가(Peritus, expert)로 임명한다.

제2차 바티칸공의회는 1962년부터 1965년까지 4회기 동안 로마에서 개최된 보편공의회다. 이 공의회는 역대 공의회 중에 가장 많은 2,800여 명이 참여했고, 16개의 중요한 문서를 생산한 가장 혁신적인 공의회로 평가된다. 공의회는 4개의 헌장과 9개의 교령과 3개의 선언을 발표한다. 전체 공의회를 관통하는 핵심 주제어는 '시대의 징표'라는 개념이다. 이 표현은 요한 23세 교황이 공의회를 소집하며 발표한 공식 성명서와 1963년 반포된 『지상의 평화』 그리고 현대 세계의 교회에 관한 사목헌장 「기쁨과 희망」 4항, 일치운동에 관한 교령 「일치의 재건」 4항, 사제의 생활과 교역에 관한 교령 「사제품」 9항 그리고 종교의 자유에 관한 선언 「인간 존엄성」 15항, 평신도 사도직에 관한 교령 「사도직 활동」 14항에 등장한다. '시대의 징표'라는 개념이 중요한 이유는 교회가 자신의 사명에 충실하려면, 세상의 목소리에 귀 기울이고, 세상에 더 가까이 다가가야 할 필요가 있기 때문이다. 이는 신학의 방법론에도 괄목할 만한 변화를 끌어내어, 성직자 양성의 중심축이었던 철학과 신학 그리고 교회법이 더는 결의론에 기반을 두기보다는 성경과 철학적 인간학과 사목신학과 윤리신학을 중심으로 재편되었다. 또한 심리학과 사회학 그리고 타종교를 이해하기 위한 종교학과 다문화를 기반으로 한 신앙의 토착화 요청이 공의회에 수용된다.

요한 23세의 선종 이후 공의회를 이어받은 교황 바오

로 6세도 이 '시대의 징표'를 받아들였고, 특히 현대 세계의 교회에 관한 사목헌장 「기쁨과 희망」(이하 사목헌장)을 이해하는 데 핵심적인 역할을 한다. 공의회의 최고 문헌인 헌장은 4개가 있는데 3개의 헌장은 각각 전례, 교의, 계시에 관한 사항을 다루었다. 이들 헌장은 주로 교회 내부의 개혁과 쇄신에 관한 입장을 서술한다. 반면 사목헌장은 교회가 직접 자신의 내부를 바라보는 것이 아니라, 교회 밖의 시선으로 교회의 내부를 바라보는 입장에서 기술된다. 사실 사목의 현장은 교회 밖에 존재하기 때문이다.

제2차 바티칸공의회 이전의 교회는 세상을 배타적 타자로 인식했다면, 이 공의회는 세상 안에 속한 포괄적 존재로 자신을 인식하기 시작했다. 마치 다른 헌장이 거울을 통해 자신의 모습을 바라보았다면, 사목헌장은 타자를 통해 자신의 모습을 바라보는 것과 같다. 거울을 통해 바라보는 자신의 모습과 타자를 통해 바라보는 자신의 모습은 근본적으로 큰 차이가 있다. 제2차 바티칸공의회 이전 공의회의 결정은 대부분 이단을 규정하고 단죄하며 형벌을 부과해 교회를 지키기 위한 호교론적 입장을 견지했다. 하지만 제2차 바티칸공의회를 통해 교회는 자신을 세상과 단절된 존재로 인식하지 않고, 세상을 위한 역할과 소명을 인식하고 주체적으로 자신의 길을 제시한다. 이것은 교회의 인식론적 회심체험이며, 이러한 회심체험은 교회를 존재론적 변화체험으로 인도한다. '시대의 징표'라는 이름으로.

시대의 징표

'시대의 징표(Sign of the times)'란 표현은 헤링이 제2차 바티칸공의회에 제안했다. 바리사이파 유다인들이 예수를 찾아와 메시아라는 것을 증명할 수 있는 '하늘의 징표'를 요구한다. 이에 예수는 "너희는 하늘의 징조는 분별할 줄 알면서 시대의 표징은 분별하지 못한다"(마태 16,3)라고 반박한다. 유다인들이 하늘을 향해 그들의 믿음을 담보할 징표를 요구했지만, 예수의 팔은 땅을 향하면서 '시대의 징표'를 외친다. 하늘의 징조와 대칭되는 '시대의 징표'는 하늘의 뜻과 의지가 이미 땅에서 이루어졌음을 암시한다. 바로 예수 자신을 통해서 하늘의 뜻과 의지가 이루어졌기 때문에, 시대의 징표는 직접적으로 메시아의 능력을 의미하며 궁극적으로는 예수 자신을 의미한다. 하늘을 아는 것은 인간을 아는 것과 다르지 않지만, 그들은 하늘에 사로잡혀 시대의 징표를 알아차리는 데 실패한다. 현실이 아무리 냉혹하다고 해도 하늘로 도피할 수 없고, 해결의 실마리는 언제나 현실에서 출발한다.

인류가 지구상의 독보적인 문명의 건설과 문화적 성장을 이루어냈지만, 반대로 얼마든지 잘못된 결정과 행위로 스스로 파괴와 멸망을 자초할 수 있음을 여러 전쟁을 통해 확인했다. 무엇보다도 아무리 훌륭한 제도와 이념이 뒷받침되어 정상적으로 작동한다고 하더라도, 그것이 오용되고 남용될 때 결과적으로 비인간적이고 반인륜적인 범죄로 이어지는 부조리가 발생한다. 결과나 목적을 위해 부정한 과정이나 부당한 절차나 수단마저도 정당화하는 결의론적 오류와 명분의 한계는 시대를 불문하고 늘 우리 가까이에 유혹자처럼 도사리고 있다.

두 차례 세계대전을 대면한 헤링의 신학적 성찰은 무엇보다 교회가 그리스도의 가르침으로 되돌아가야 함을 강조한다. 제도화된 교회가 세상을 통해 전해지는 시대의 징표인 하느님의 목소리와 호소에 귀 기울이지 않는다면, 그리스도를 대신해 파견된 성령의 인도와 가르침을 효과적으로 살아갈 수 없다는 성찰에 기인한다. 이것이 그리스도와 깊은 인격적 친교를 이룰 때, 교회는 진정한 의미의 성장과 발전의 길을 걸을 수 있다.

시대의 징표는 1,000년간 누렸던 교황령과 주교령의 세속적 기득권을 내려놓고, 복음의 근본적 가르침과 예수 그리스도의 모범을 따르라는 근본적 성찰로 교회를 인도했다. 교회가 교황령으로 상징되는 세속적 권력을 잃었을 때, 세상은 오히려 교황이나 교회의 소리에 귀 기울이게 되었다. 교회는 무엇이 근본이고, 우선이고, 최선인지를 깨닫게 된다. "모든 시대에 걸쳐 교회는 시대의 징표를 탐구하고 이를 복음의 빛으로 해석하여야 할 의무를 지니고 있다."(사목헌장 4항)

교회는 본질적 사명에 부합하기 위해 시대의 징표에 주목하면서 더 높은 차원에서 하느님의 부르심에 응답할 때 비로소 살아 있는 교회가 될 수 있다. 과거의 공의회가 이단을 단죄하는 데 몰두했다면, 제2차 바티칸공의회는 교회가 권력과 영예와 부에 대한 탐욕을 버리고, 가난한 사회적 약자의 슬픔과 고뇌에 주목하며 이를 기쁨과 희망으로 변화시키려는 교회의 의도를 담았다. 따라서 시대의 징표는 하늘의 뜻을 지상의 현실에 적용하도록 신학적 성찰이라는 도구를 통해 교회를 회심으로 이끈다.

혁신을 담다

요한 23세 교황은 공의회를 소집하기 위해 1959년 로마에 거주하는 신학자들을 중심으로 27명의 신학 자문단을 위촉한다. 신학 자문단은 제1차 바티칸공의회에서 끝맺지 못한 문서들을 포함해 4~5개의 문헌을 준비하기 시작한다. 분과위원회가 설립되면서 요한 23세는 초기 문서에서 제시된 것보다 더 폭넓은 내용을 다루어 달라고 요청했고, 이를 계기로 해링의 영향력은 두드러진다. 예를 들면 중앙위원회에서 해링에게 정결, 결혼, 가정, 동정성에 관해 의견을 요청했을 때 그는 이런 주제에 대한 논의의 본질은 로마의 준비위원회에서 제시한 좁은 교회법적 시각이나 부정적 관점이 아니라, 진정하고 결실을 낳는 사랑의 관점에서 다루어야 한다고 주장한다. 또한 준비위원회가 마련한 「윤리적 질서에 관하여(On The Moral Order)」란 문서에 대한 비평을 요구받았을 때, 그는 사랑과 관용에 기초한 객관적인 윤리신학을 구축해야 할 필요성을 주장했다. 이러한 논평은 당시 매뉴얼을 기반으로 하는 규범적 윤리 사고방식에 머물렀던 준비위원회를 곤혹스럽게 한다.

이러한 헤링의 지적은 1960년경 상황윤리를 주장했던 미국의 윤리학자 플레처(Joseph Flecher)와 유사한 윤리적 관점으로 의심받는 빌미를 제공한다. 그러나 헤링은 상반된 입장이던 규범윤리와 상황윤리를 동시에 비판한다. 즉 규범윤리는 '법을 따르라. 그것이 곧 사랑이다'라고 주장하고, 상황윤리는 '사랑을 따르라. 그것이 곧 법이다'라고 주장하지만, 그는 '사랑은 도덕의 모든 것이다(Love is all of Morality)'고 주장한다.

윤리의 절대정언을 '사랑'에 두고자 하는 그는 상황윤리자들과 유사하다는 점을 인정하면서, 사랑을 배제하면 아무것도 절대적 가치나 절대적 구속력을 가질 수 없다는 입장을 견지한다. 그는 상황윤리가 개인적 삶의 지평은 중시하지만 성실, 예의, 자제, 정의, 존경, 공동선, 희생, 용기 등을 소홀히 여기는 것은 사랑의 진면목을 간과한다고 비판한다. 헤링은 위의 덕목이 사랑의 진면목을 드러내는 특징이며, 이를 통해 사랑의 진정한 모습이 밝혀진다고 주장한다. '사랑은 도덕의 모든 것이다'라는 진술은 사랑 이외의 모든 덕행을 배제하는 의미가 아니라, 모든 덕이 사랑 안에 내재해 있고 여타의 덕에 진정한 의미와 가치를 부여한다고 본다. 그는 세례받지 못하고 죽은 유아의 구원 문제를 논하면서, 자비로우신 하느님은 자신의 잘못 없이 세례받지 않은 무죄한 유아를 단죄하시지 않고 구원한다고 분명하게 주장한다.

헤링은 1963년 11월 사목헌장을 기초하기 위한 편집위원회의 비서로 임명된다. 그는 사상 초유의 다양한 의견이 조합된 사목적 요구를 담아내야 했다. 공의회 초기부터 무려 9개나 되는 초안이 있었고, 어떤 초안은 서로 상충된 가치를 반영했다. 1963년 9월 토론을 거친 후 투표를 위해 2개의 초안이 제시되었다. 로마에서 준비된 것은 다소 엄격하다는 이유로, 벨기에서 준비된 초안은 추상적 표현 때문에 구체성이 부족하다는 이유로 기각된다. 헤링은 초안을 긍정적으로 다듬어 세상의 기대에 응답할 수 있는 문헌을 만들려고 노력했다. 이에 취리히 초안이 1964년 2월에 완성된다.

이 초안에는 시대의 징표의 범주와 그리스도론적 분위기가 담겨 있다. 취리히 초안은 이전 초안의 입장을 유지하면서, 더욱더 혁신적이고 단호했으며 세상을 향한 교회의 사목적 태도 역시 근본적으로 변화될 것을 요구한다. 과거의 사목적 태도가 순수한 신앙의 보존을 위해 이단을 추려내고 죄를 단죄해 벌하는 데 주안점을 두었다면, 이 초안의 사목적 목표는 하느님의 인류 구원의 역사와 구원을 향한 공동 운명체에 기반을 둔 그리스도론적 지평으로 이동한다. 따라서 이 초안은 교회가 세상과 연대해 시대의 징표를 발견하고, 교회의 소명을 재발견할 것을 강조한다. 더불어 세상에 대한 부정적이고 회의적이었던 과거의 지평에서 긍정적이고 낙관적인 입장으로 선회해 세상과 교회가 당면한 문제를 해석학적 방법으로 해결할 것을 제안한다.

이런 헌신적 노력에도 불구하고, 그는 당시 사목헌장을 비판하며 반대하던 영국 웨스트민스터의 교구장 존 헤난(John Heenan) 추기경의 공격으로 1964년 11월 편집위원회 비서직에서 해임된다. 누구든지 자신의 의지와 반대되는 결정에 승복한다는 것은 고통스럽다. 그럼에도 사목헌장의 완성과 반포를 위해서 그리고 신학 자문위원으로서 역할에 충실하기 위해, 그는 이 결정을 받아들인다. 사목헌장은 공의회 대의원들의 찬성 2,307, 반대 75로 확정되어 이듬해에 바오로 6세에 의해 반포된다.

헤링은 공의회 안에 내재한 긴장을 보여주는 상징적 인물이었다. 즉 '토착화'와 '신앙수호' 사이의 긴장, 사목신학과 교의신학 간의 긴장이 첨예했음을 반영한다. 헤링의 기여는 여러 차원에서 '사목적 의제'를 우선적으로 부각했다는 점에 있다. 이처럼 '사목적 의제와 명분'이 중시된 것은 각 선교 지역의 긴급하고 민감한 사목적 문제를 헤링이 수용했기 때문이다. 그는 공의회 기간 중 많은 신자와 성직자에게 자신들의 결혼생활과 독신생활을 유지하는 것에 대한 어려움과 절망에 빠져 있는 상황이 담긴 편지들을 받았고, 그들의 고된 삶이 공의회를 통해 기쁨과 희망으로 변화되기를 소망했다. 세상의 목소리에 귀 기울이며, 시대의 징표를 복음의 빛으로 해석했던 그의 예언자적 역할은 교회의 혁신을 위해 일하는 이들에게 여전히 큰 영감과 용기를 불어넣는다.

치유의 사명

헤링은 『자유와 충실』(1978~1981)을 통해 사람들을 병들게 하는 종교와 윤리적 종교 사이의 거대한 긴장을 관찰한다. 종교가 윤리성을 확보할 때 그 신앙은 사람들을 건강하게 하지만, 그렇지 못할 때는 오히려 인간을 병들게 하는 요인이 된다. 윤리성이 확보되지 못한 종교는 인간을 정신적 두려움으로 지배하고 병들게 한다. 반면 인간은 정신적 두려움과 육체적 질병에서 벗어날 때, 하느님의 부르심에 자유롭게 응답할 수 있고 자신의 소명을 충실히 살아갈 수 있다. 따라서 중요한 결정은 내적 외적 자유가 확보될 때 하는 것이 현명하다. 물론 건강을 협소하게 육체적인 것으로만 볼 것이 아니라 영적, 정신적, 육체적인 차원에서 바라보는 전인적 관점에서 그러하다. 간혹 인간은 육체적으로는 건강하지 못하지만 영적, 정신적 차원에서 건강한 경우도 있고, 반대로 육체적으로 건강하지만 영적 차원에서 건강하지 못한 경우도 있기 때문이다.

종교 안에 내적 정화장치가 확보되었을 때, 그 종교는 윤리적이라고 평가할 수 있다. 종교적 권력에 의존하는 인간의 잘못된 선택을 수정하고 개선할 때, 종교는 공공의 이익에 봉사할 수 있다. 유사종교나 사이비의 사례에서 보듯이, 그들의 목적을 달성하기 위해 부당하고 사악한 수단을 허용하고 수용할 수 있다는 결의론적 사고방식의 유혹은 항상 주위를 맴돌고 있다. 그들은 교리나 교주 혹은 신앙을 위해서 거짓말과 물리적 위력, 협박이나 사기적인 방법도 정당화한다. 그래서 겉으로는 신앙의 위로자나 예언자처럼 꾸미지만, 내면은 자유 없는 윤리적 빈곤과 의지 없는 윤리적 타락을 살아간다. 이런 모습은 전인적인 건강과 거리가 멀고, 결국 삶의 이중성으로 균열과 분열적 현상을 피할 수 없게 된다. 헤링은 종교가 삶의 특정 부분의 가치만을 추구하도록 가르칠 때의 위험을 경고한다. 종교는 특정한 가치를 주입하고 세뇌하기 쉬운 특성이 있기 때문에, 얼마든지 오용되어 인간의 자유를 침해해 조종하는 수단으로 전락할 수 있다. 따라서 종교는 신앙을 통해 전인적인 건강과 균형 잡힌 인격을 추구하고 죄로부터 회심에 도달하도록 돕는 치료적 관점을 갖는 것, 즉 윤리신학의 치유와 회심의 사명은 무엇보다 중요하다.

인간의 생명권과 건강권은 인간의 행복 추구권과 밀접하게 관련되어 있다. 헤링은 인간을 단지 의료행위의 대상으로 인식하기보다는 전인적 존재로, 즉 인격적 존재로 이해하도록 돕는다. 따라서 그의 의료윤리적 관점은 '인격주의'에 바탕을 둔 인간학적 성찰을 바탕으로 수립되었다. 그는 에토스적 관점에서 윤리적 의료행위를 "충분한 지식이 겸비된 양심에 따라 행동하고 올바른 자세와 통찰과 식별로써 구체적 결정을 내리는 능력"으로 이해한다. 이를 토대로 의료행위는 '영속적인 타당성'과 '사회이익에 봉사'하고, '도움받을 권리'를 통해 의료행위가 환자의 보상능력에 따라 좌우되지 않는 특징을 부여한다. 헤링은 육체의 중요성과 존엄성은 탁월한 것이며 육체는 하느님의 신성과 자비, 순수함의 더욱더 가시적인 모상으로 규정한다. 그래서 그는 인간을 육화한 영으로, 살아 있는 육체로 규정하면서 인간 본성이 생물학적이고 인격적인 특성의 단순한 총합이 아니라, 인간 실존은 '진실로 생물학적이고, 전적으로 인격적'이라고 규정한다. 그래서 인간 특유의 본성은 타자와 공동체 그리고 주변 세계를 향해 열려 있는 육체적 실존을 통해 존재하는 데 있다. 이처럼 인간 본성은 육체 안에서, 육체를 통해 존재하는 인간, 전체로서 인간이 지닌 개방성이다. 따라서 인간의 육체는 그 자체로 언어이고, 메시지이며 동시에 영혼의 호소다.

창조적 긴장

인간은 탄생과 소멸, 생명과 죽음, 건강과 질병, 종교와 과학, 선과 악, 죄와 회심, 자유와 책임, 자연과 인간의 경계 선상에서 살아간다. 물론 모든 것을 이분법적으로 구분해 대상화하면 사물의 본질을 올바르게 파악할 수 없다. 헤링은 이런 이분법적 균열과 분열이 직업적 삶과 사생활 사이에서 발생할 것이라고 본다. 이런 이분법적 균열을 방지하고 분열을 통합하기 위해 헤링은 이러한 경계가 지닌 의미를 추구하면서, 이를 타자를 향한 개방과 인내심 있는 대화 그리고 타자를 향한 탐구의 과정을 통해 성취하고자 했다.

이런 일련의 과정에서 창조적 긴장을 수용하는 것이

다. 우리에게 긴장이 없다면 무력하게 되고, 긴장이 지나치면 경직되어 개방과 대화와 탐구는 불가능해진다. 하지만 창조적 긴장을 수용할 때, 우리의 신앙은 머리에서 출발해 가슴을 향한 여정이 가능하다. 이러한 의미에서 창조적 긴장이란 나의 생각과 반대되는 의견, 나의 선호와 상반되는 가치 사이의 간극이 초래하는 긴장을 수용하고 대화할 수 있는 능력을 의미한다. 인간은 스스로 존재할 수 있겠으나, 타자 없이는 성장할 수 없다. 타자를 향한 여정을 통해 성장하는 것이 인간이다.

인간이 긴장을 수용하기로 선택할 때, 더 이상 병적이거나 무기력한 긴장이 아니라 창조적 긴장이 되어 우리 삶에 의미와 동력을 부여한다. 예를 들어 가해자와 피해자라는 경계에서 용서와 화해라는 창조적 긴장을 수용할 때, 그 창조적 긴장은 과거와 현재의 것을 변경하거나 달리할 수는 없지만 창조적으로 미래를 바꿀 수 있는 원리가 된다. 그런 의미에서 그는 다음과 같이 주장한다.

인간 삶의 모든 분야에서 책임감에 대해 효과적으로 교육하기 위해서는 솔직하게 비판적인 질문을 던지며 서로 논쟁하고, 또 사람들이 규범과 논제가 믿을 만하지 못하다고 생각할 때마다 반대 의견까지도 내놓을 수 있는 분위기가 반드시 허용되어야 한다. 오로지 인내심 있는 대화와 인간적 가치에 대한 깊은 통찰력만이 강력하고 효과적인 동기를 찾아낼 수 있도록 서로 도울 수 있을 것이다. [베른하르트 헤링, 이동익 옮김, 『의료윤리』(가톨릭출판사, 2006), 323쪽](이하 『의료윤리』)

그는 윤리학자든 의사든, 의료행위가 질병에 대한 의미에만 한정되어서는 안 되며, 병들거나 건강한 사람이 영위하는 개인생활의 의미와도 관련된 것이므로, 삶의 의미 차원에서 의료행위의 목적을 분명히 할 필요가 있다고 본다. 그래서 인간은 자신의 장기, 건강, 생명에 대한 처분권 등을 개인의 자유와 관련지어 숙고해야 하며, 이것은 한결같이 사회적 맥락 안에서 인류에 대한 피할 수 없는 책임에서 비롯되는 문제로 이해해야 한다. 그의 자유와 책임에 대한 입장은 인간에 대한 신뢰와 정의 그리고 평화로 지평을 확장한다. 그는 전염성 질환에 어떠한 사회적 책임감이 요구되며, 그에 따른 환자와 의사의 역할을 다음과 같이 설명한다.

> 전염성이 높은 질병의 출현은 우리에게 온전히 책임 있는 사람이 될 것을 요구하며, 나아가 책임 있는 사회의 구성과 그를 위한 그리스도적 교육에 집중할 것을 촉구한다. 우선 우리 자신이 교육되어야 한다. 그리고 한 걸음 더 나아가 다른 사람들이 자기들 자신의 건강뿐 아니라 남들의 건강까지도 생각할 수 있는 책임감과 더 건강한 인간관계와 신뢰를 위한 그리고 평화와 정의를 위한 책임감을 폭넓게 발전시킬 수 있도록 도와야 한다. (『의료윤리』, 322쪽)

무엇보다도 함께 살고 있는 사람들에 대해 책임감을 갖는 것이야말로 환자의 의무다. 가능하다면 의사나 사회복지사 또는 지역사회의 의료 봉사자들은 환자에게 현재의 상황에 대해 그리고 무책임한 행동의 결과에 대해 자세히 설명해주어야 한다. 이렇게 할 때 환자가 성인으로서 책임 있게 행동할 것이라는 기대를 하지만, 만일 환자 자신이 그렇게 할 수 없거나 또는 그렇게 할 의지가 없는 것으로 판명될 경우 의사는 환자와 사회를 보호하기 위해 보조성의 원리에 입각해 의사로서의 책임을 완수해야 한다. (『의료윤리』, 293쪽)

확장된 지평

제2차 바티칸공의회가 폐막한 지 60여 년이 흘렀다. 그런데도 가톨릭교회의 변화와 쇄신을 요구한 공의회 정신의 구현은 현재 진행 중이다. 교회의 변화가 느리다고 불평하고 비판할 수 있으나, 가장 풍요롭게 교회의 역할과 방향성을 제시한 문서들을 생산했던 공의회 정신이 뿌리내리고, 그 결실을 보기까지는 적어도 100년의 세월이 걸린다고 예상한다. 이러한 공의회 정신의 구현에 시간이 필요한 이유는 구원사의 여정을 함께 걷는 동반자로서 서로를 이해하고 존중하려면, 교회와 세상의 인식론적인 동반성장이 필요하기 때문이다.

혜링은 공의회에 문헌 작성 전문가로 참여했고, 이러

한 경험을 '아주 적절한 회심의 체험'으로 고백한다. 그리고 공의회가 남긴 과제를 수행하는 데 힘과 열정을 바친다. 공의회는 그를 개인적 회심으로 이끌었을 뿐만 아니라, 회심의 체험은 신학 분야와 사목 전반에 관한 문제와 개인과 사회 그리고 문화적 감수성과 관련된 의제를 창의적이고 비평적으로 접근하게 이끌었다. 이처럼 확장된 그의 지평은 무엇보다도 개인, 공동체 그리고 사회에 대해 폭넓은 성찰을 가능하게 했고 다양성의 발견과 보편성의 추구라는 시대적 소명에 응답하게 했다.

공의회 회기 중에 시대의 다양한 요구와 교회의 다양한 요청을 접하면서, 그는 현대사회에서 교회의 복음 선포의 사명은 문화와 과학을 구성하는 세상의 언어로 이루어져야 함을 깨닫게 된다. 하느님의 말씀은 특정한 문화적 성격을 내포하기 때문이다. 따라서 세상과 교회가 상호신뢰 관계를 형성할 때 서로의 자율성을 인정하는 것이 중요하며, 교회는 세상의 문화적 다양성을 존중해야 한다. 문화는 하느님 창조활동의 풍요를 증명하고, 하느님의 풍요를 담아내는 그릇이 바로 토착화다. 그런 의미에서 문화와 토착화는 불가분의 관계이며, 토착화가 성공하려면 문화적 다양성을 이해하고 수용하는 노력이 필요하다. 토착화는 교회가 유럽중심적 사고방식을 극복하고, 가톨릭교회의 보편성을 담보하는 데 크게 기여했다고 평가된다.

헤링은 이러한 문화와 과학에 대한 개방성은 가능한 한 문화의 다양한 표현을 편견 없이 받아들여, 선의를 가진 이들과 함께 유의미한 대화에 참여하는 형태로 모색해야 한다고 주장한다. 그런 의미에서 그가 주장한 개방적 대화는 다양한 문화적 특성 안에서 보편적 윤리 가치를 모색하려는 방편이며, 당시의 정치 사회적 패러다임인 '자유'라는 공통적 가치 안에서 윤리적 보편성을 추구한다.

창조적 자유

 자유는 인간 실존과 불가분의 관계를 맺고 있다. 자유는 인간의 존재론적 의미와 법적 권리를 표현하는 가치이며, 신학적으로는 하느님이 인간을 창조하면서, 인간에게 자유의지를 주셨다고 고백한다. 자유의지는 인간이 누리는 최상의 신적 영역에 속한 부분으로 이해된다. 이를 통해 인간은 하느님의 모상으로 불리며, 결정적으로 그 안에서 인간의 존엄성이 확보된다. 따라서 자유는 근대사회에서 문화적 다양성에도 불구하고 인간의 존엄성을 드러내는 가장 중요한 인류의 공동자산으로 인식된다. 자유는 억압과 독재 그리고 폭력적 상황에서 해방된 삶을 의미한다. 그리고 자유에 기초해 자신들의 현재와 미래를 규정짓는 생활방식이나 정치체계를 선택할 수 있는 삶을 의미한다. 이처럼 자유는 인간 존재의 의지와 권리 그리고 선택에 대한 질문이다.

헤링은 이러한 자유의 가치를 윤리신학적 지평 안으로 끌고 온다. 그의 자유에 대한 관념은 다분히 성경과 인문학적 배경 그리고 개인적 경험을 바탕으로 이루어졌다. 그가 자유를 자신의 윤리신학 방법론에 구석구석 적용했던 계기는 당시 시대적 배경과 무관하지 않다. 인류는 세계대전을 치른 후 냉전 시대로 인한 이념적 양극화가 사회에 얼마나 큰 위협이 되었는지 체감했다. 자유 진영과 공산 진영으로 양분된 이념적 양극화로 서로에 대한 불신은 증폭되고, 협력은 불가능해졌다.

지금의 경제적 양극화를 뛰어넘는 패러다임이 '자비'라면, 당시에는 '자유'가 이념적 양극화를 뛰어넘는 패러다임으로 등장한다. 그는 나치의 독재와 야만성에 많은 그리스도인이 맹종했던 장면을 목격한다. 그래서 그리스도인이 맹목적 순종이 아닌 분별력을 갖춘 책임감, 새로운 가치와 요청을 감지할 때 용기 있게 응답하는 일, 나아가서 그에 따르는 위험마저도 감수하려는 태도가 형성되어야 한다고 보았다. 그는 교회의 가르침에 맹목적으로 순종하는 것이 미덕으로 여겨지던 시기는 끝났고, 합리적이고 이성적인 가르침을 통해 복음이 선포되는 새로운 시기가 시작되었다고 보았다. 이러한 시대의 징표는 맹목적 순종과 일방적 소통이 더는 유효하지 않고, 합리적 순종과 쌍방 혹은 다자 간의 소통으로 교회를 인도했다고 본다. 헤링은 자신의 저서에서 '창조적 자유(Creative Freedom)'를 자주 언급한다. 그가 굳이 자유라는 개념 앞에 '창조'를 강조한 까닭은 무엇일까? 첫째 당시의 이념 또는 철학적 자유와 구별하려는 의도다. 즉 실존주의적 자유와 이념적 자유가 자유의 의미를 개인적 차원으로 환원하고 축소하는 것에 대한 저항의 표현이다. 둘째 자유 안에 담긴 가치가 창조적이며 창의적인 것, 즉 역동적인 것임을 명시한다. 하느님의 의지가 자유를 통해 인류 역사 안에 관통한다는 점을 강조한 것이다. 따라서 외적 자유뿐만 아니라 내적 자유의 영역까지 고려한 표현이다. 셋째 창조적 자유는 파괴적이고 소모적인 것이 아니라, 창조적 생명의 역동이 자리 잡고 있다. 맹목적이고 자기 파괴적인 행위는 자유가 지향하는 바가 아니다. 진정한 자유는 창의적인 자율성에 기반을 둔 책임 있는 응답이다.

자유는 언제나 신선하고 새롭고 그리고 언제나 창조적인 시작이다. 이것은 자유의 본질과 관련이 있다. 자유행위는 절대로 명백하게 미리 결정된 것이 아니다. 그러나 완전히 다른 차원이지만, 자유행위 자체는 여전히 잠재된 의지의 흐름을 이해하는 데 명확한 근거가 된다. 이것은 진실로 새로운 시작이며, 그것은 의지에 의해 새로운 것으로 여겨지는 한 진정으로 '창의적인' 것이다. 그러나 맹목적이고 비이성적인 것은 아니다. 오히려 하느님이 영감의 틀에 의거해 창조하셨듯이, 자유행위 안에서 창조적인 새로운 시작은 이를 인도하는 영감(ideas)과 동기(motives)에 따라 결정된다. [Bernard Häring, *The Law of Christ*(The Mercier Press, 1963), Translated by Edwin C. Kaiser, *Das Gesetz Christi*(Erich Wewel, 1959), p.100.]

하느님이 누리는 자유는 항상 새로운 것을 창조할 수 있는 능력이다. 하느님은 자신의 자유의지에 따라 세상과 우주 질서를 창조하셨고, 하느님의 영감과 동기가 고스란히 창조행위 안에 담겨 있다. 반면 인간이 누리는 자유의 영역은 유한하고 제한되어 있으며, 창조적 능력과는 무관하게 여겨왔다. 이것은 우리의 삶이 외부로부터 조건화된 결과다. 외부의 기대에 부응하는 삶에만 몰두한 나머지 자신에게 진실하지 못한 까닭이다. 결과적으로 인간은 자신의 자유의지가 침탈당하고 상실되는 불확실한 상황을 살게 된다.

인간은 자유의지의 상실로 인한 단절감과 불확실성에서 기인한 공허감을 어떻게 극복할 수 있는가? 헤링은 한결같은 하느님의 사랑 안에서 해답을 얻고자 한다. 선의 결핍인 죄가 하느님과 인간의 관계를 파괴해 단절시키고 자유의 상실이 인간을 공허하게 이끌었다면, 창조적 자유는 인간을 하느님의 사랑에 참여할 수 있게 인도하며 창조의 의미와 기쁨을 누리게 한다. 마치 천지 창조 후 하느님의 고백인 "보시니 참 좋더라!"라는 체험에 참여하게 된다. 이처럼 그가 이해하는 인간의 자유는 본질적으로 역동적이며 창조적이다. 인간이 누리는 자유의 원천이 하느님의 창조에서 발견되기 때문이고, 이로써 인간의 자유는 하느님의 신성에 참여하는 중요한 표징이 된다.

하느님의 창조는 현재에도 진행 중이며, 독창적 형태로 인류의 다양한 문화 안에 녹아 있다. 창조적 자유를 누리는 그리스도 신자들은 하느님의 완전한 사랑으로 인도되며, 하느님의 사랑은 더 큰 자유를 성취하기 위한 가장 큰 동력이며 동기가 된다. 헤링의 제자인 찰스 쿠란(Charles Curran) 신부는 다음과 같이 그의 창조적 자유에 관해 논평한다.

> 창조는 하느님의 자유에 의한 사건이다. 그것은 하느님이 당신 말씀을 통해 이루신 장엄하고도 자유로운 결단이다. 하느님은 인간을 창조해 그에게 당신의 사랑과 자유를 주셨다. 따라서 인간도 하느님의 창조적 자유를 나누어 가진다. 그리스도는 최고의 자유를 가진 말씀이다. 그는 십자가에

죽기까지 자신을 내어주도록 하신 성부의 자유로운 선물이다. 그는 성부의 자유로운 선물로서 죄인과 억압받는 이, 가난한 이와 소외된 이들을 위해 완전히 자신을 내놓은, 최고의 창조적 자유를 지닌 분이시다.

양심을 위한 공간

헤링은 인류 안에 공존하는 다양성을 발견하고, 다양한 문화적 특성이 하느님의 풍요를 입증한다고 이해했다. 그리고 하느님의 창조활동은 다양한 문화를 통해 지속한다고 보았다. 이러한 다양성을 담보하는 자유는 하느님의 창조의지와 맞물려, 창조적 자유라는 보편적 가치로 자리 잡는다. 따라서 그는 창조적 자유라는 패러다임을 윤리신학에 적용하면서, 다양성이 훼손되지 않고 더욱더 풍요롭게 지탱하기 위한 목적으로 보편적 진리와 가치를 추구하고자 한다.

헤링이 이해하는 윤리신학의 기본적 임무나 목적은 어떤 결정이나 개별 행동에 대한 판단을 먼저 실행하는 것이 아니라, 올바른 시각과 문제해결을 위한 균형을 유지하면서, 하느님 앞에서 이루어져야 할 결정을 지탱할 진리와 가치를 제공하는 것이다. 다른 한편 윤리신학은 일상의 삶 안에서 하느님의 부르심에 응답하는 데 주의를 기울여야 하지만, 똑같은 규범을 모든 사람에게 기계적으로 요구할 수 없다. 그러므로 혜링은 아직 그렇게 할 수 없는 사람들에게 획일화된 수준의 요구는 자제되어야 한다고 생각했다. 누군가가 그리스도의 뜻을 따르기 위해 자신을 개방함에 있어서 자유로이 "예"라고 응답할 수 있을 때, 그리스도의 뜻은 확장되고 심화될 것이다. 하지만 이러한 자유로운 선택이 담보되지 못한 경우에는 상반된 결과와 일관성의 결여라는 부정적 결과밖에 얻지 못한다. 따라서 하느님의 은총을 체험하고 성장하는 과정에서 개인의 고유성은 언제 어디서나 존중되어야 한다.

혜링은 그리스 신화에 등장하는 '프로크루스테스의 침대'를 예로 든다. 프로크루스테스는 자신의 집을 방문하는 사람을 자기 침대에 누인 후 침대보다 크면 다리나 머리를 자르고, 작으면 사지를 잡아 늘여서 죽였다고 한다.

자신의 원칙이나 기준을 고집하면서 타인의 생각을 억지로 자신에게 맞추려는 태도, 즉 독선적이고 독단적인 태도를 일컫는 것이다. 그는 윤리신학이나 사목활동이 이 침대처럼 되어서는 안 되며, 윤리적 삶이란 인간 개인의 고유한 성장에 관한 질문이 되어야 한다고 보고, 책임 있는 자유의 가치가 교회 안에 자리 잡기를 희망한다.

자유는 하느님의 창조의지와 그리스도의 구원의지 그리고 성령의 성화의지를 관통하는 가치다. 자유의 가치는 내부나 외부의 압박이나 강요가 아닌, 완전한 자유 안에서 구현된다. 더불어 인간의 창조적 자유는 그리스도 안에서 얻어지며, 하느님의 창조 역사 안에서 이미 구현된 가치다. 또한 자유에 대한 침탈과 상실의 경험이 자유의 가치와 우월성을 입증해준다. 인간은 그리스도의 말씀에 순종할 때 더 큰 자유를 분별하고 선택하고 추구할 수 있다. 그 말씀은 성경에 드러난 하느님의 의지뿐만 아니라, 특정 시대와 문화를 통해 당신의 의지를 드러내시는 시대의 징표에 주목하고, 내면의 양심을 추구할 때 성취되는 창조적 자유다.

양심을 위한 공간을 확보하는 것은 우리가 서로 다른 생각과 의견을 가지더라도, 서로를 존중하고 이해할 수 있는 능력을 키워가는 것을 의미한다. 이것은 상호존중을 통해 상대방을 이해하려는 노력과 상대방의 의견을 존중하는 태도를 견지하는 것이다. 그리고 자신을 개방해 대의를 위해 자신의 생각마저도 바꿀 수 있는 유연한 태도를 갖는 것이기도 하다. 또한 지속적인 자기성찰은 자신의 생각과 행동의 흐름을 관찰해 양심을 숨 쉬게 하며, 타인을 이해하고 수용하는 공감능력을 발전시킨다. 결과적으로 양심을 위한 공간은 인간이 창조적 자유로 인해 하느님의 의지에 부합하는 더 큰 자유를 위해 헌신할 수 있는 공간이다.

권력의 실체

흔히 정치를 정치판이나 진흙탕에 비유한다. 아무리 훌륭한 정치이념이 있다고 하더라도, 직업정치에 입문하면 폭력과 불가분의 상황에 처하게 되고 이율배반(antinomy)에 직면하기 때문이다. 이율배반적 상황은 서로 모순되는 명제가 동등한 근거와 타당성을 가지고 대립적으로 주장되는 것을 의미한다. 직업 정치인은 욕망 덩어리에 비유된다. 그것이 권력의지이든, 명예욕이든, 재물축적이든 자신들의 욕망이 철두철미하게 관철된 존재라는 뜻이다. 권력이 주는 달콤한 매력이 얼마나 인간의 욕망을 자극하는지 알 수 있는 대목이다. 이는 막스 베버가 "정치는 악마적 힘과 맺는 계약이다"라고 했으며,

마키아벨리 역시 "인간은 선을 위해서보다는 악을 위해 더 준비되어 있다"는 진술과 결을 같이한다. 그럼에도 정치는 의외로 우리 가까이에 있다.

아리스토텔레스가 시민으로서 권리를 행사할 수 없는 사람은 완전한 인간이 아니라고 했듯이, 금기시되었던 '정치적' 언행이 시민의 권리로 인식되고, 정치적 견해나 입장과 선택을 자유로이 개진할 수 있는 정치적 일상성이 자리 잡게 되었다. 사회, 정치적 의제가 단지 정치집단에만 유보된 것이라 아니라, 시민의 의제가 되어 사회적 의제의 상정과 토론, 심의와 결정의 전 과정에 유의미하게 참여하게 된다. 그리스도인 역시 이상적 사회를 구성하고 미래를 도모하기 위해 정치적 관여와 참여가 요청된다. 민주주의의 옹호자였던 바오로 6세 교황은 "문화 수준이 높아지고 자유의 의미가 발전될 때, 불확실한 미래를 직면하는 세계에서 사람들이 현재의 선택이 이미 내일의 생활을 좌우한다는 것을 더 잘 깨달을 때, 정치 참여의 정당한 소망은 더욱더 명백히 드러난다"고 지적한다.

헤링은 자신의 스승인 로마노 과르디니(R. Guardini)가 언급한 "미래세대를 결정짓는 중대한 문제는 바로 권력의 문제가 될 것이고, 이는 인류가 정의를 위해 권력을 이성적으로 사용할 수 있을 만큼 그것을 잘 통제할 수 있을 것인가 아니면 미래세대가 지나친 힘의 세대, 비이성적 권력에 의해 통제받는 세대가 될 것인가?"라는 화두로 권력에 관한 실체를 탐구한다. 헤링은 권력에 대한 통제가 합리적으로 이루어질 때, 권력에 의해 통제받지 않는 미래를 맞이할 수 있다고 본다. 권력은 본질적으로 선하거나 악한가, 아니면 중립적인가? 헤링은 권력에 대해 다음과 같이 말한다.

권력 자체, 즉 그 목적과 신적 기원이 말하는 진리 그대로 행사되는 권력은 좋은 것이다. 그러나 권력을 악마로 만드는 것은 악한 인간이 뱀에게 귀를 기울여 하느님과 이웃을 무시하고 권력을 자신의 것으로 가로챌 때다. 권력은 지배적인 지식과 마찬가지로 사랑, 봉사, 구원의 지식에서 멀어질 때 악마적이 되어버린다. [베른하르트 헤링, 소병욱 옮김,

『자유와 충실』(바오로딸, 2001), 508쪽](이하『자유와 충실』)

    그는 권력의 기원을 하느님께 두면서 권력 자체는 좋은 것으로 정의한다.(로마 13,1 참조) 단 권력이 진리를 행사할 때, 그렇다는 뜻이다. 그는 창세기에 등장하는 인류의 조상을 언급하면서, 그들이 금지된 권력의 과일을 따먹으면서 "진리로부터 이탈된 지배자"가 되었고, 세상에 대한 그들의 권력은 상호관계와 환경과 역사 안에서 무질서를 초래했다고 이해한다. 따라서 권력 자체는 하느님께서 부여하신 선한 것이지만, 지배적 지식과 결합할 때 악마적인 것이 되어버린다. 이러한 악마적 유혹은 권력의 속성인 공동선에 대한 봉사와 진리의 공동 탐구와는 동떨어진 독점권력과 지배와 억압으로 빠져들게 한다. 예수의 제자인 베드로도 이러한 악마적 유혹에 빠졌다. 사익에 함몰되어 정치적 메시아로 예수를 이해했던 그에게 예수는 "사탄아, 내게서 물러가라. 너는 나에게 걸림돌이다. 너는 하느님의 일은 생각하지 않고 사람의 일만 생각하는구나!"(마태 16,23)라며 그의 메시아사상을 배척한다. 예수도 자신의 죽음이 인류 구원을 위한 공공의 권익과 영혼의 이익에 밀접하게 연결되었음을 잘 알았다.

그러나 권력은 실로 사유화되기 쉽고, 사유화는 곧 악마적 권력이 된다. 예수는 메시아적 권력을 공공의 영역으로 이해해 권력의 사유화에서 자유롭게 되었고, 권력의 사유화를 부추기는 악마적 유혹에 빠지지 않았다. 이로 인해 예수는 신적 자유로움, 창조적 자유 안에 머물며, 지배적 권력이 아닌 예언적 직무를 행사한다. 예언적 직무란 만민을 위한 평화와 정의 그리고 인간의 존엄성을 존중하는 직무다. 또한 그것은 사회적 약자, 특히 가난한 이들을 위한 기회균등을 실현하고 인간의 모든 기본권을 위해 봉사하는 직무다. 그는 정치권력이 합리적으로 사용되어야 한다면서 다음과 같이 주장한다.

> 정치권력은 정의, 법과 질서에 종속될 때 비로소 합리적 권력이 된다. 합리적 권력은 그 힘을 꼭 필요한 경우에만 행사한다. 사람들의 자유의지를 파괴하려 하지 않고 오직 타인에게 불의한 폭력을 휘두르는 것을 막으려는 권력은 절도

있게 사용되는 권력이요. 따라서 이러한 권력은 역설적으로 일종의 사랑의 행위다. (『자유와 충실』, 510쪽)

  그가 이해하는 권력의 합리성이란 명백하고 정의로운 목적을 가지며, 인권과 공동선을 존중하는 수단을 사용하는 것이다. 따라서 때로는 타협이 필요하고 평화와 정의를 보호하기 위해 권력의 단계적 실행을 도모한다. 자유와 평화 그리고 정의를 보장하기 위해서 때로는 다른 정치세력과 연합하고 용인하는 것도 필요하지만, 정의와 진리라는 명백한 목표를 배신하고 그와 반대되는 수단을 사용하는 타협에 응한다면 개인적 야심과 권력의 노예가 된다고 경고한다. 따라서 우리 자신이 권력과 자기 과시의 욕망에서 벗어나지 않는 한, 어떠한 정치적 구조도 자유와 정의를 위해 자동적으로 그 힘을 발휘하지는 않는다. 헤링은 정치를 "사회 전체의 복지와 공동선의 관점에서 전개되는 조직적이고 합목적적인 활동이며, 정치의 목적과 의미는 공동선을 이룩하는 데 있다"고 정의하면서, 정치인의 직업을 기술(art)이라고 부르고, 기술인

만큼 사물 전체를 바라보는 능력, 직관력, 지식 및 기술을 요구한다고 본다. 그는 정치를 "가장 고상한 기술로 평가하면서, 이는 뛰어난 정직성과 영예에 대한 참된 감각이 요구된다"고 본다.

정치는 이처럼 공익을 증진하기 위해 갈등을 다루는 기술이다. 제2차 바티칸공의회 역시 "어려우면서도 매우 고귀한 정치기술에 대한 적성이나 가능성을 지닌 사람은 스스로 준비를 갖추어, 자기 편의나 금전의 이익을 버리고 정치를 하도록 노력하여야 한다"(사목헌장, 75항)고 권고한다. 직업 정치인을 향한 헤링과 공의회의 권고는 정치인이 어떠한 준비과정을 거쳐야 하는지, 그리고 어떠한 윤리관을 갖춰야 하는지를 제시한다. 정치인은 한순간의 대중적 인기로 만들어지거나 카리스마적 능력으로 완성되지 않는다. 마치 장인이 지니는 품격처럼 윤리적 소명의식과 직관력 그리고 정직을 통해 신뢰와 신용을 쌓아갈 때 이상적인 정치가가 될 수 있다.

다수와 소수의 권리

민주적 다수가 항상 옳은 것은 아니지만, 민주주의는 다수의 결정에 충실할 것을 요구한다. 헤링은 민주주의가 단 한 번에 영원히 이루어지지 않으며, 개인들의 종합적 발전과 공동노력을 통해 지속해서 쇄신되어야 한다고 본다.

> 다른 의견을 말하고 새로운 동의와 개혁을 위해 정직하게 노력하는 소수의 권리를 인정해야 한다. 민주적으로 선택된 다수가 소수자들이 자신들의 선택과 주장들을 발표하여 새로운 민주적 다수가 형성되도록 노력하는 것을 방해할 때 그 다수는 더 이상 민주적 다수가 아니다. (『자유와 충실』, 523쪽)

그는 민주주의가 다른 의견이나 확신 및 선택에 대한 관용의 정신과 상대방에 대한 존경스러운 수용의 정신을 내포한다고 보았다. 다른 한편 사회를 무정부 상태로 몰아가는 방종이나, 민족적 우월감으로 민주적 사회의 본질 자체를 파괴하는 권위주의적, 전체주의적 체제에 반대한다. 또한 그는 공적 권한의 행사에서 제도적으로 정해진 한계 안에서 능력이 행사되어야 하며, 공동선을 위해서 꼭 필요하거나 크게 유익하지 않은 법 제정을 회피함으로써 그 권한의 행사를 절제해야 한다고 주장한다. 무절제한 법의 양산은 전체주의 국가가 되게 하고, 법의 가치도 떨어지게 한다고 지적한다.

그럼에도 현대사회처럼 다양한 법이 공존한 적은 없다. 다양한 사회구조에서 기인한 문제를 해결하려고 더 많은 법이 만들어졌다. 법은 약자의 기본권을 보장하고, 다수에 의한 불의한 권력으로부터 소수의 권리를 보장하는 안전장치가 된다. 그런 의미에서 최근 성소수자 차별금지법을 제정하려는 의도는 성적 지향과 성별 정체성으로 인해 차별당하는 성소수자를 보호하기 위한 것으로 이해할 수 있다. 누구도 성적 지향과 성별 정체성의 '차이'가 '차별'로 이어지는 데는 동의하지 않을 것이다. 하지만 아주 쉽게 차이에서 비롯된 혐오는 차별로 이어지고, 이 둘을 성숙하고 효과적으로 구별하고 차단하기란 쉽지 않다. 이를 인간 양심과 인간 성품에 의지해 해결하려는 시도는 역사적으로도 실패해왔다. 따라서 "소수의 권리에 대한 유일한 효과적인 안전장치는 정부 자체의 기초와 구조에 놓여야 한다"고 건국 초기 미국의 대통령 제임스 메디슨(James Madison)은 주장한다.

1986년 교황청 신앙교리성은 「동성애자 사목에 관하여 가톨릭교회의 주교들에게 보내는 서한」(이하 「서한」) 10항에서 "동성애자들이 사람들의 언사나 행동에 있어서 폭력적인 적의의 대상이 되어왔고 지금도 그러하다는 것은 개탄할 일이다. 어떠한 곳에서 일어나든, 그러한 처우는 교회의 목자들로부터 단죄를 받아 마땅하다. 그러한 대접은 건전한 사회의 근본원리를 위협하는 일종의 타인 경시를 드러내는 것이다. 모든 인간이 지닌 천부의 존엄성은 언행과 법률 안에서 언제나 존중되어야 한다"고 지적한다. 『가톨릭 교리서』 2358항에서도 "그들(동성애자)을 존중하고 동정하며 친절하게 대하여 받아들여야 한다. 그들에게 어떤 부당한 차별의 기미라도 보여서는 안 된다"라고 선언한다.

반대 의견에서는 이것이 동성애를 옹호하고 조장하는 악법이라고도 본다. "동성애자들에게 저질러지는 범죄에 대한 당연한 반발이 곧 동성애 상황의 정당성에 대한 주장이 될 수는 없다. 그러한 주장이 펼쳐지고 결과적으로 동성애 행위가 용인된다면, 또는 어느 누구라도 정당한 권리를 내세울 수 없는 그러한 행위를 보호하는 시민법이 도입된다면, 다른 왜곡된 개념이나 실천이 그 기반을 잡아가고 비이성적이고 폭력적인 반작용이 증대된다고 하더라도 교회나 사회는 속수무책일 따름이다."(「서한」, 10항) 가톨릭교회는 성소수자에 대한 혐오와 차별 그리고 처벌을 반대하는 법률 제정에 찬성하지만, 동성애 행위를 용인하거나 보호하는 시민법 도입에는 반대하는 입장이다. 예를 들어 동성애자들이 가정을 원해 동성결혼으로 이어질 경우 가족제도마저 흔들리고, 다수의 이성애자들에게 역차별이 발생할 여지도 있기 때문이다. 따라서 이 법의 취지인 성소수자들의 기본권이 보장되고, 성적 지향이나 성별 정체성의 이유로 부당한 대우를 받는 것을 시정하고, 제도적 정비를 통해 공공영역에서 소수자를 위한 안전장치의 역할을 제대로 할 것인지, 또한 동성애에 대한 막연한 공포심을 자극해 더욱더 심화된 차별과 혐오를 조장하지 않을지 평가해봐야 할 것이다.

신앙교리성의 서한은 동성애를 "동성애자의 특수한 성향이 죄는 아니라고 하더라도, 그것은 본질적인 윤리악으로 기울어지는 다소 강력한 경향이다. 따라서 그 성향 자체는 객관적인 무질서(objective disorder)로 인식되어야 한다"(「서한」, 3항)고 본다. 동성애적 지향은 타고난 경우 죄가 아니지만, 이는 본질적으로 악한 행위를 향하기 때문에 이러한 성향을 객관적 장애 혹은 실제적 무질서로 규정한다. 결국 성적 지향은 죄가 되지 않으나, 자유의지가 개입된 성적 일탈행위는 죄가 된다는 입장이다. 성적 지향이 '선택'이 아닌 '창조'의 결과라면, 공공의 영역에서 아무리 동성애를 옹호하고, 조장한다고 하더라도 소수(2~4퍼센트)의 '창조'된 동성애자만이 존재할 따름이다. 그럼에도 마치 다수의 전통적 성정체성이 소수에 의해 소실되고, 가정의 의미도 위협받게 될 것이라는 주장은 과장된 공포감이나 우려가 아닐 수 없다. 이런 공포감에 기인해 소수의 기본적 권리가 다수에 의해 침해되어서는 안 된다.

헤링은 동성애 경향이 유전적 요소에 기인한다는 사실에 주목하면서, 이는 선택의 문제가 아니라고 이해한다. 그는 다른 한편 대다수 동성애 문제는 가정 또는 직접적인 사회적 환경에 기인하거나 적어도 큰 영향을 받은 결과라고 이해한다. "만약 한 어린이가 그의 아버지와 어머니가 서로에게 위협적 존재인 것을 보는 쓰라린 경험을 하면서 자라거나, 한 걸음 더 나아가 이성의 존재는 하나의 위협이나 위험이라는 식으로 지속적 경고를 받아왔다면, 동성애적 경향이 하나의 무의식적인 자기방어의 태도로서 그 어린이에게 굳어져왔다는 것은 도무지 이상한 일이 못된다"(『자유와 충실』, 116쪽)고 설명한다. 즉 유전적 요인과 사회, 문화적 요인을 고려해 성적 지향을 이해할 필요가 있고, 후자의 경우는 진정한 동성애자라고 할 수 없다. 신앙교리성은 인간의 성정체성을 다음과 같이 요약한다.

> 오늘날, 교회는 인간을 하나의 '이성애자' 또는 '동성애자'로서 구분하기를 거부하며, 인간을 돌보아야 하는 절실한 상황을 조성해가고 있으며, 모든 인간은 하느님으로부터 창조되어 그 은총으로 하느님의 자녀가 되고 영원한 생명의 상속자가 된 근본신원을 지니고 있다고 주장한다. (「서한」, 16항)

3장
신앙의 신비

자비의 본질은 강요되는 것이 아니라,
하늘에서 내리는 부드러운 비와 같다

꿈 그리고 희망

누구나 꿈꿀 수 있다. 하지만 모든 꿈이 현실이 되지는 않는다. 꿈은 현실이라는 장벽에 부딪혀 좌절되기 쉽고, 대부분 꿈같은 현실을 살아가는 경우가 많다. 그럼에도 꿈은 세대를 이어주는 기능을 하며, 꿈꿀 때 희망할 수 있다. 비록 기대한 꿈과 냉혹한 현실 사이에는 건널 수 없는 괴리가 있더라도, 꿈은 현실의 내면적 갈등을 풀어내는 동시에 미래를 향한 동력이 된다. 따라서 모든 꿈이 현실이 되지는 않지만, 모든 꿈에는 현실의 갈등을 해소하고 통합을 향한 인간의 염원이 자리한다. 지혜의 왕으로 불리는 솔로몬 역시 꿈에서 하느님을 만난다. 당시에 솔로몬은 극심한 부담감에 시달렸다. 전설적 선왕인 다윗 왕의 직무를 이어받은 그는 아버지와 심심치 않게 비교되었을 것이고, 자기 정체성에 관한 질문과 직무수행에 대한 부담을 느꼈을 것이다. 이런 까닭에 "내가 너에게 무엇을 해주기를 바라느냐?"라는 하느님의 질문에 솔로몬은 "당신 종에게 듣는 마음을 주시어 당신 백성을 통치하고, 선과 악을 분별할 수 있게 해주십시오"(1열왕 3,9)라고 청한다. 이에 하느님은 이런 말씀으로 응답하신다. "자신을 위해 장수를 청하지도 않고, 자신을 위해 부를 청하지도 않고, 네 원수들의 목숨을 청하지도 않고, 그 대신 이처럼 옳은 것을 가려내는 분별력을 청했으니, 자, 내가 네 말대로 해주겠다. 이제 너에게 지혜롭고 분별하는 마음을 준다."(1열왕 3,11-12) 솔로몬의 내적 갈등은 꿈을 통해 수습되었고, 솔로몬이 소망한 분별력은 그를 정의롭고 지혜로운 통치자의 대명사가 되게 했다. 이로써 솔로몬이 꿈꾸던 공익을 향한 열망은 현실로 구현되었고, 실행되지 않는 희망은 헛된 꿈이며 거짓 희망임을 증명했다.

인식론적 회심체험

 베른하르트 헤링은 하느님의 의지와 인간의 태도가 교회와 사회를 구축하는 데 직접적으로 연관된 사안임을 직시한다. 그는 윤리신학을 통해 신적 계시에 기초한 윤리적 가치를 탐색하고, 시대의 징표 안에 내재한 의미를 해석하고, 이를 신학적 성찰 안에서 해답을 얻고자 했다. 이러한 시도의 배경에는 그가 꿈꾸고 희망하는 세상과 교회 그리고 계시의 완성인 예수의 행적이 자리하고 있다. 예수는 배고픔에 굶주린 제자들이 안식일에 유다인의 관습상 용인되지 않은 행위에 대해 비난받자 "안식일이 사람을 위하여 생긴 것이지, 사람이 안식일을 위하여 생긴 것은 아니다"(마르 2,27)라고 제자들을 옹호한다.

이러한 가치에 대한 재정립이나 역전현상은 예수의 행적 여러 곳에서 발견되며, 특히 이방인들을 만났던 예수의 경험에서 분명히 드러난다. 유다인에게 이방인은 서로 말도 섞지 않거나 대면도 회피하는 혐오와 차별의 대상이다. 그럼에도 예수는 가나안 여인의 딸과 로마 군인인 백인대장의 종을 치유하고, 우물가에서 사마리아 출신의 여인에게서 목마름을 해결해 그에게 영적 목마름을 해결해준다. 예수는 유다인의 비상식적 관습과 풍습에 대해 저항하고 도전했지만, 유다인이라는 정체성과 메시아적 신원의식은 그의 삶 초반에 분명하고 확고했다. 이러한 까닭에 예수의 유다인 우선주의, 선민주의와 이방인에 대한 배타적 태도가 복음서에 자리하고 있다. 딸을 치유해주기를 바라는 가나안 출신 여인을 향해 예수는 '자신은 유다인을 위해 파견된 자'라고 분명히 언급하지만, 여인의 믿음이 자신의 마음과 신념을 움직인 것을 알아차리고 이방인을 위해 치유를 실행한다.(마태 15,21-28 참조) 그리고 유다인보다 이방인이 하느님 나라에 더 가까이 있다는 설교가 눈에 띄게 증가한다. 유명한 착한 사마리아인의 비유가 그것이다.

결과적으로 예수의 유다인 우월주의, 종족 우선주의, 배타적 선민주의가 다른 가치관과 문화적 배경을 가진 이방인에 의해 도전받았다. 이러한 인식론적 회심체험은 예수의 내적 태도와 생활방식에 큰 영향을 끼쳐서 공동 인간주의, 인류 박애주의로 확장해 이끌게 된다. 따라서 낯선 이방인에 의해 그의 메시아적 신원의식이 종족주의적 사고방식에만 머물지 않고, 보편적 인간주의로 확장되었다고 보는 것이 훨씬 타당하다. 전통신학적 해석은 이런 예수의 혁명적 인식의 변화 흐름을 수용하기보다는 전지전능한 예수가 이방민족을 교화하고, 그들의 믿음을 시험하기 위한 일련의 과정이나, 복음서의 독자인 이방민족의 편익을 위해 제공된 것으로 설명한다. 이러한 설명은 계시의 역동적 부분, 즉 강생의 신비를 실행한 삼위일체이신 예수를 계시의 기계적 전달자로 설명하는 한계에 부딪히게 된다. 다른 한편 예수의 복음을 받아들이지 않는 부류가 상당 부분 존재했는데, 그들로부터 신원에 대한 논란이 제기된 것을 인정한다면 이것 역시 예수의 사명 인식이 확장되는 계기가 되었을 것이다. 따라서 예수의 메시아적 신원의식이 점차 확장되었다는 견해는 복음서에 담긴 계시의 역동성을 반영하고 그에 부합하는 것이라고 평가되며, 헤링은 다음과 같은 신학적 성찰을 제시한다.

> 우리는 그리스도를 세계의 발전과 인류 역사 전체가 지향하고 있는 종점, 즉 오메가라고 인식한다. 비록 우리가 그리스도야말로 인류에 대한 하느님의 결정적 말씀이시라고 말한다고 하더라도, 그 말이 곧 그리스도의 강생 이후부터 인간이 하느님의 지고한 계획에 관한 세세한 내용을 모두 완전하게 파악하고 있다는 것을 의미하지 않으며 그렇게 해석되어서도 안 된다. 그보다는 오히려 모든 새로운 사건, 통찰과 노력들이 그리스도의 빛 안에서 비로소 제때에 하느님을 점진적으로 계시해준다. (『의료윤리』, 36쪽)

이런 점에서 인식론적 회심체험은 계시된 진리를 점진적으로 수용하는 데 중요한 역할을 한다. 이미 신적 계시는 예수에 의해 결정적으로 완성되었지만, 불완전한 인간성은 계시의 빛을 비록 느리지만 점진적으로 수용한다. 예수의 메시아적 신원의식이 이방인이나 적대자를 통해 오히려 확장되었듯이, 이러한 의견과 도전은 오히려 교회의 사명과 역할이 확장되기를 바라는 시대의 징표이며, 교회가 정복주의적 사고방식에서 깨어나 착한 사마리아인과 연대해 하느님의 계시가 점진적으로 세상에 드러날 수 있게 하는 계기로 삼아야 한다.

> 계시는 영적인 것과 물질적인 것의 분리를 허락하지 않으며, 육체 안에서 존재하는 인간, 동료들과 어울려 자연 세계 안에서 살아가는 인간, 우주와의 신비스러운 연대 안에서 살아가는 인간에 대해 말하기 때문이다. (『의료윤리』, 37쪽)

존재론적 변화체험

이러한 인식론적 회심체험은 존재론적 변화체험으로 우리를 인도한다. 확장된 자아는 자신의 태도와 세상에 대한 관점을 변화시키고, 책임 있는 태도와 균형을 유지하도록 촉구한다. 그리고 부조리에 맞서는 용기 있는 행동과 인류의 해악을 균형 있게 바라보고 교정하려는 정의로운 꿈들을 갖게 된다.

이는 불의한 재판관에 관한 예수의 비유(루카 18,1-8)가 가리키는 것처럼, 정의를 올바로 세우고자 하는 호소와 설득에 마음을 여는 것이다. 비유에 의하면 재판관은 세상의 어떤 것도 두려워하지 않는 안하무인으로 묘사된다. 그리고 억울한 일을 당한 과부는 여러 차례 그 재판관을 상대로 '올바른 판결을 내려 달라'고 호소한다. 불의한 판결을 일삼던 재판관은 과부의 집요한 요청대로 올바른 판결을 내리기로 한다.

전통신학은 하느님을 재판관으로 신앙인을 과부로 묘사하며, 끊임없이 지속해서 하느님께 기도하면 올바른 응답을 주신다는 취지의 가르침으로 해석한다. 여전히 기도의 태도와 관련된 유효한 가르침이지만, 윤리적 관점에서 하느님이 과연 불의한 재판관에 비유될 수 있는지 질문하지 않을 수 없다. 사실 불의한 재판관이 오히려 부조리한 인간 군상에 가깝고, 올바른 판결을 호소하는 과부의 모습은 하느님의 모습에 더욱더 가깝다. 가난하고 무의탁자인 하느님이 안하무인의 불의한 인간의 양심에 호소하는 모습이 더 이해하기 쉽다.

인간에게 불의하고 부정한 것을 돌이킬 것을 호소하는 하느님은 인간을 지속적으로 설득해 마음을 바꾸도록 호소하시는 하느님이다. 만일 불한 것에 호소하고 요청하며 설득하는 것을 포기하고, 자정 능력의 실행이 부재하거나 빈곤하다면, 악인은 자신의 죄 때문에 죽겠지만,

그 죽음에 대한 책임 소재는 설득에 소홀한 자들이 짊어져야 할 것이다.(에제 3,18 참조) 이처럼 도덕적인 생활 전체는 성장의 법칙에 의해 점진적이고도 꾸준한 회심의 요청에 따라 이끌려가며, 의무를 부과하기보다는 동기부여가 우선될 때 설득과 호소는 여전히 유효하고 유익한 방법이다. 따라서 교회는 지속적인 인식론적 회심을 통해 교회의 본질적 사명과 역할에 대한 인식을 확장할 때, 존재론적 변화를 실행할 동력을 얻는다. 마치 빵과 포도주가 예수의 살과 피로 변화가 가능한 이유는 신앙이 인식론적 차원인 형상에 머물지 않고 질료의 영역까지 확장되어 빵과 포도주의 형상은 그대로이지만 질료는 온전히 다른 차원, 즉 예수의 몸과 피라는 존재론적 변화를 가져오는 것과 같다.

해링은 제2차 바티칸공의회의 경험을 통해 '교회의 회심체험'에 희망을 건다. '긍정'의 공의회가 보여준 희망은 '실행'을 요구한다. 실행되지 않는 희망은 거짓 희망이며, 희망 고문에 불과하다. 그래서 그는 공의회가 남겨준 과제를 실행하기 위해 경계를 탐색하는 데 주저하지 않는다. 사실 이질적 영역을 탐색하기보다는 무리의 한복판에 있는 것이 훨씬 안전하다. 하지만 이질적 영역과 맞닿은 지점이 오히려 교회의 참모습을 발견할 수 있는 곳이기도 하다. 그가 다른 종교와 문화 그리고 개신교와 대화하고 일치운동에 참여했던 까닭도 여기에 있다.

그런 의미에서 그가 30여 년 재직하고, 2019년에 설립 70주년을 맞이한 교황청립 윤리신학 대학원인 '알폰소 아카데미'는 윤리적 가치의 경계를 탐색하고 연구하고 대화하고 소통을 촉진하는 데 인터페이스(interface) 역할을 했다고 해도 과언이 아니다. 이 시대에 필요한 것은 서로를 단절시키는 장벽의 건설이 아니라, 소통 가능한 교량의 건설인 것처럼, 헤링이 문화와 언어 그리고 정치체제의 경계지점에서 인간성에 기초한 윤리성을 탐색한 것은 다양성을 존중하면서도 보편성을 확보하고자 하는 노력이다. 이 일은 여전히 우리 시대의 과제로 남아 있다. 특히 전문화되고 분업화된 정치, 경제, 사회, 문화, 환경, 가정, 의료와 생명에 관한 윤리적 의제를 수용하고 탐색하는 것은 교회가 세상 안에서, 세상과 함께, 세상을 위해 헌신해야 할 중요한 사명이다. 이는 인식의 확장과 그리고 교회의 전향적인 회심의 변화가 동반될 때 가능하다.

에토스의 구축

 윤리학(Ethics)의 어원이 되는 그리스어 에토스(ethos)는 '거주할 수 있는 장소'를 의미한다. 인간이 어떤 특정한 장소에 거주하기 시작하면 관계가 성립되고, 이것을 통해 개인윤리가 발생한다. 그리고 거주지의 타인이나 환경 그리고 사회제도와 맺어진 관계를 사회윤리로 규정할 수 있다. 개인윤리의 관점이 하느님과 인간, 그리고 환경과 인간의 관계를 구축하는 것이라면, 사회윤리적 관점은 사회의 제도적 관행에 대한 성찰과 더불어 제도의 개혁적 입장을 견지한다. 윤리가 '삶의 자리'와 결합한 인간의 품성과 품행이란 점을 기억한다면, 개인의 품성과 타인을 향한 품행이 총체적으로 드러나는 것이 바로 윤리의 영역이라는 점이다. 그런 의미에서 윤리는 인간의 생활양식(manner)과도 깊이 연관되어 있다. 이는 인간이 행동하는 방식이나 태도와 예의 그리고 절차와 관련되기 때문이다. 다른 한편 '삶의 자리'라는 측면에서 보편윤리나 세계윤리를 구축하고 확립한다는 것은 거의 불가능에 가깝다.

물론 다양성 안에서 보편성을 추구하는 것은 가능하겠으나 문화와 시대 그리고 특정 지역에 따른 윤리의식의 흐름을 다른 체제 안에 똑같이 적용하려는 시도는 불가능해 보인다. 따라서 전문조직이 각자의 분야에서 통용하는 특정 윤리규범이나 강령은 보편적 가치를 추구하면서도, '삶의 터전'이라는 제한된 틀 안에서 작동할 수밖에 없다. 즉 에토스는 조직이 마련한 일련의 규칙으로, 조직의 구성원을 보호하며 구성원이 조직에 도움이 되는 방식으로 움직이게 하고 동시에 집단의 자정능력과 깊은 연관이 있다.

헤링의 '울타리의 비유'는 에토스 구축을 다음과 같이 묘사한다. 울타리는 외부와 내부의 경계를 구축하고, 외부의 위협으로부터 내부를 보호하기 위한 장치다. 그럼에도 소들은 자신들의 우사를 둘러싼 울타리를 따라가서, 결국엔 초원을 만나고 그곳에서 푸짐한 한 끼를 해결한다. 창조적 자유를 누리는 사람들은 경계의 상징인 울타리를 자신과 타인을 행복으로 이끌어주는 도구로 여긴다. 따라서 에토스는 함께 사랑하며 살아갈 능력, 함께 믿으며 일할 능력 그리고 함께 희망하며 기뻐할 능력을 구축하도록 돕는다.

헤링의 이러한 자유와 성장에 관한 관점은 기본적으로 인간 이해와 그를 둘러싼 가치를 평가할 때, 올바른 시각과 균형감이 얼마나 중요한지 가르쳐준다. 그리고 무엇보다 내부에서부터 비판하는 용기를 통해 교회와 사회의 방향성을 제시한다. 그는 교회가 지닌 도덕적 직관을 공유하고 인정한다. 다른 한편 때로는 그것이 사목적 실천에 부적절한 것임을 증명하고자 한다. 확증 없는 도덕적 직관은 그렇게 할 수 없는 사람들에게 부당한 짓을 저지르게 하는 부정적 결과를 가져올 수도 있기 때문이다. 그의 이러한 내부에 대한 비판은 교회 안의 양극화와 사회와 교회의 단절을 극복하기 위한 노력으로서, 양극화된 집단의 분열을 대체할 수 있는 새로운 패러다임을 수용하며 적용하고자 한다. 그는 이런 갈등을 창조적 긴장으로 수용하고 끈기 있게 대처한다. 그는 『자유와 충실』 서문에서 다음과 같이 자신의 꿈과 희망을 피력한다.

> 스스로 선택할 용기, 그로부터 비롯될 어떠한 고통도 받을 용기, 인격적 책임감으로 그 선택을 완수할 용기를 가진 이들만이 미래를 이루어나갈 수 있다. 나는 한 세대가 그들 자신의 삶을 분별할 줄 아는 백성, 살아 계신 하느님을 믿는 사람들을 특징짓는 창조성과 충실성을 갖춘 이들로 살아갈 수 있는 세대를 형성하도록 도와주고 싶다. (『자유와 충실』, 18~19쪽)

네 아우는 어디 있느냐?

　창세기에 등장하는 인류 최초의 살인 사건은 카인에 의해 저질러진다. 카인은 동생 아벨을 시기심에 사로잡혀 살해한다. 동생을 살인한 후 카인은 하느님으로부터 "네 아우 아벨은 어디 있느냐?"라는 질문을 받자, 카인은 자신의 죄를 감추기 위해 "제가 아우를 지키는 사람입니까?"라고 되묻는다.(창세 4,9 참조) 우리는 카인의 답변에서 합리적이지만 인간적이지 못한 양심의 부재를 발견한다. 인간은 카인처럼 합리적인 탈을 쓰고 양심 없이 살아갈 수 있다. 하지만 합리적인 것이 인간을 구원하지 못한다. 오히려 카인은 저주의 낙인 속에 평생을 살아야 할 운명이 된다. 모든 것을 합리화하려는 시도는 현대인들이 겪는 심각한 자기연민의 결과다. 이러한 자기연민은 자기비하(엄격주의)와 자기만족(방임주의)으로 이끌고 인간은 그것들과 서투른 동행을 하게 된다. 이에 비해 알폰소 성인은 현실적 감각을 겸비한 현실주의자의 길을 제시함으로써 인간이 합리화라는 굴레에서 벗어날 방안을 제시한다. 그것은 양극단에 치우치지 않는 '양심의 길'이다. 양심은 하느님께서 모세의 판에 십계명을 기록해 유다인들과 계약을 맺었듯이, 인간의 마음에 기록해놓은 하느님 백성과의 계약이 된다. 그리하여 '네 아우는 어디 있느냐'는 카인을 위한 질문은 '네 양심은 어디 있느냐'라는 현대인을 위한 질문이 된다.

알폰소 성인이 교회학자로 선포된 지 150주년을 맞아 발표한 교황의 담화(2021.3.23)에서, 프란치스코 교황은 비오 9세의 교황칙서를 인용하며 알폰소 성인은 인간의 양심을 통해 우리를 하느님에게 이끌어주는 바른길을 제시했다고 평가한다. 엄격주의와 방임주의라는 상반된 의견이 난무한 가운데 확실한 길을 제시한 성인의 업적은 긴장이 팽배한 갈등에서 창조적 긴장을 수용해 양심을 통해 제3의 길을 탐색하고 해답을 얻은 사례다. 프란치스코 교황은 담화를 통해 성인이 엄격한 윤리정신에 따라 교육받았지만, 현실에 귀 기울이면서 진정한 그리스도적 감각으로 현실주의자가 되었다고 평가한다. 성인은 법률가로 양성되고 변호사로 활동했다. 법정에서 부당한 패소를 경험한 성인은 삶의 목적을 새롭게 설정해 성직의 길로 들어선다. 그리고 그가 사목했던 스칼라(나폴리 왕국의 촌락)의 현실을 목도한다. 그곳은 교회의 사목적 돌봄이 전무후무한 곳이었다. 그러한 현실에 응답하기 위해 성인은 그곳에서 버림받은 이들, 특별히 가난한 이들을 위해 봉사할 구속주회를 창립한다. 이렇게 현실에 귀 기울이는 성인의 태도는 초기 신학적 법률적 접근방식에서 벗어나 자비를 겸비한 역동적 접근으로 교회에 복음적 활력을 불어넣었다. 교황은 알폰소 성인이 옳은 일을 추구하는 양심을 위해 봉사하겠다는 결정을 내렸다고 평가하면서 다음과 같이 적었다. "성인의 접근법은 초기에 확실히 엄격했지만, 차츰 자비롭고 역동적인 접근법, 곧 매력으로 작용할 수 있는 복음적 활력으로 변화되었다." 이런 변화의 핵심에는 회심이 자리한다. 성인의 회심은 성인 자신을 버림받은 이들에 대한 친밀감으로 인도했다. 마치 상처를 조심스럽게 치료해주듯 영적 친밀감은 그들의 상처를 치유하고 하나로 묶어주었다. 그리고 회심은 그를 따뜻한 연민으로 이끌어 그들의 실제 삶을 함께 나눌 확고한 선교적 사목자가 되게 했다. 결국 회심은 단지 죄로부터 자유로워지는 것 이상으로 하느님과 이웃을 향해 더욱더 다가서게 하는 영적 친밀감과 연약한 인간의 한계와 도전을 함께 나눌 연민의 정신으로 표현된다. 그리하여 회심의 열매는 우리의 신앙이 혼자만을 위한 성장이 아니라, 함께 한계와 도전을 넘어서는 공동성장의 계기가 된다. 따라서 영적 친밀감과 연대한 연민의 정신이 발현될 때 회심의 진정한 의미가 완성된다.

또한 교황은 윤리신학이 원리와 규범의 형성뿐만 아니라, 생각을 넘어서는 실재를 앞장서서 주도할 필요성에 대해서도 성찰할 수 있어야 한다(『복음의 기쁨』 231항 참조)고 주장한다. 따라서 윤리적 지식은 가장 작은 이들과 약한 이들, 버림받은 이들의 목소리를 경청하고, 받아들이고, 실천되어야 한다고 주장한다. 이러한 지식의 구현은 현실에서 영적 도움이 필요한 이들과 함께 걸으며, 동반하고 지지하는 것이다. 프란치스코 교황은 우리의 마음이 하느님과 멀어지는 것이 아니라 더 가까워지도록 하는 길을 찾는 것은 시대와 장소를 불문하고 필요한 일이며, 양심 본연의 활동이라고 천명한다. 교황은 영적 도움이 필요한 이들에게 다가가는 것은 현대사회에서 개인주의적 정신을 극복하고 참된 선을 선택할 수 있는 윤리적 성숙을 이루게 할 뿐 아니라, 가장 버림받은 이들 특히 가난한 이들에게 다가가는 것은 교회가 자신의 사명에 더 충실하게 응답하는 성숙한 교회의 모습으로 이해했다.

따라서 빠르게 변화하는 사회에서 복음을 선포하는 것은 현실에 귀 기울이고 '과거와는 대조되게 다른 방식으로 생각하는 양심을 교육'하는 용기가 필요하다고 주장한다.

교황은 감염병의 세계적 유행, 코로나19 이후 세상의 활동, 모든 이에게 보장되어야 하는 돌봄, 생명수호, 인공

지능의 정보 주입, 피조물 보호, 반민주주의의 위협, 형제애의 시급성을 교회가 직면한 긴급한 과제로 선정하면서 '가난한 이들의 탄식'과 '지구의 탄식'을 동일시한다. 이어서 이러한 과제를 마치 알폰소 성인이 당시 사회의 도전과제에 건설적 답변을 주며, 복음의 요구와 인간의 나약함을 함께 다루는 윤리신학의 형태를 제시한 것처럼 창세기에 등장하는 하느님의 물음처럼 "네 아우는 어디 있느냐?"라는 탄식과 외침에 귀 기울일 것을 당부한다. 그리고 현재와 같은 엄청난 변화에 직면했을 때, 가장 도움이 필요한 이들을 망각하고 힘 있는 자들이 권력을 휘두르게 할 위험성을 경고했다.

더불어 선을 위한 양심 형성은 모든 그리스도인의 필수적인 목표이며, 이는 현실의 삶에서 개인적 식별을 수행해갈 수 있도록 하느님의 음성이 울려 퍼지는 자리인 '양심이 숨 쉴 공간'을 마련(Giving space to consciences)하는 것이 중요하다고 지적한다. 공간은 주로 인간의 거주를 위한 장소로, 여러 요건이 부합할 때 거주에 적합한 곳이 된다. 에토스(윤리)의 어원이 거주를 위한 장소인 것처럼 양심도 역시 살아 움직이고 성장하기 위해서는 공간이 필요하다. 인간이 욕망과 탐욕으로 공간을 독식하고 차지할 때 양심을 위한 자리와 공간은 쇠퇴하고 소멸한다. 양심을 위한 공간을 마련한다면 양성된 양심, 교육된 양심은 상처받고 훼손된 사람들과 자연에 대한 깊은 연민의 마음과 영적 친밀감으로 우리를 묶어줄 것이다. 이것이 바로 종교(religion)의 어원인 '다시 묶어(re-ligioso)' 하나가 되게 하게 중요한 요소가 된다. 이러한 거룩한 양심은 신과 인간, 인간과 피조물을 하나로 엮어주고, 천성과 인성을 겸비한 품격 있는 영적 신앙생활로 인도할 것이다. 교황은 직접적으로 "알폰소 성인이 그러했던 것처럼 우리 사회의 약한 형제자매에게 다가갈 것을 요청"한다. 윤리신학이 약한 이들의 존엄을 보호하고, 이러한 의로움을 성취하기 위해서 나약한 이들과의 연대를 구축하라는 강력한 요청이다. 사실 윤리신학적 성찰(Moral Theological Reflection)과 사목활동(Pastoral Action)은 서로 연관되어 있고, 약한 이들에게 다가가는 선택은 이러한 신학적 성찰과 사목활동을 더 현실감 있게 발전시킨다. 신학적 성찰과 사목활동은 인간의 나약함을 존중하고 포용할 때 교회의 사명이 구현되고, 인간의 나약함을 도와줄 사목적, 윤리적, 영적 응답을 연구할 때 연결되고 하나되고 거룩하고 보편된 교회가 되기 때문이다. 그리스도교 신앙인에게 윤리란 옳고 그름을 따지는 것이 아니라, 복음의 빛과 복음적 시각으로 자신과 사회를 관찰해 스스로 변모하고 사회를 변혁시켜 결과적으로 하느님의 뜻이 이 땅에 이루어지도록 기여하는 데 있다. 이것은 다양성을 포용할 수 있는 능력과 다양성 안에서 일치를 추구하려는 끈질긴 의지 그리고 양심의 준엄한 요청에 따라 정의와 자비를 실천하는 신앙인의 태도로 완성된다. 성숙한 교회를 위한 성숙한 양심을 형성하기 위한 노력은 우리 삶의 다양한 영역에 에토스(거주할 장소, 윤리)를 구축하고자 했던 베른하르트 헤링의 염원과 다르지 않다.

우리는 대부분의 개인과 집단이 자신들의 고통을 경감하기 위해 타인과 사회를 희생하는 것을 당연하고 합리적인 것으로 여기는 이기심의 시대를 살아간다. 이런 퇴행적 선택과 행위는 역사를 잊고 아무런 교훈도 얻지 못하는 우리 시대의 슬픈 자화상이다. 미래의 세대가 짊어져야 할 희생을 고려한다면, 현세대의 이기적 선택은 부끄럽기 그지없다. 미래의 세대를 위해 오늘날 인류가 당면한 엄중한 도전을 인식하면서, 인류애를 바탕으로 가장 취약한 이들의 권리와 탄식을 존중할 때 미래세대를 위한 성숙한 교회가 될 수 있다. 인간의 양심을 향한 하느님의 질문이 조급증에 시달리고 피로에 지친 모든 이에게 하늘에서 내리는 부드러운 단비가 되어 위로가 되어주기를 희망한다.

'네 아우는 어디 있느냐?'

슬기로운 신앙생활

초판 1쇄 발행 2023년 4월 29일
초판 2쇄 발행 2023년 7월 10일

글쓴이	권오상
펴낸이	김원호
표지·본문디자인	노승우
펴낸곳	우리신학연구소
등 록	2006년 9월 29일(제2016-000337호)
주 소	서울특별시 마포구 마포대로4가길 56, 102동 202호(마포동, 오성드림빌)
전 화	02) 2672-8342~4, Fax: 02) 2672-6945
이메일	woorith@gmail.com
인 쇄	반석피앤비
ISBN	979-11-971732-4-0 03230

|함께꿈 은 '맑은 생각, 깊은 울림'을 지향하는
우리신학연구소의 출판브랜드입니다.